KINZAI バリュー叢書

決済から金融を考える

木下 信行 [著]

一般社団法人 金融財政事情研究会

■ はじめに

　私たちは、毎日の買い物をするときには、商品と引き換えに、お店に現金を渡します。これは、ごく当たり前のようですが、よく考えてみると、とても奇妙なことです。つまり、これによって私たちが手に入れるものは、食物であったり、書物であったり、何か具体的に生活の役に立つものですが、それと引き換えにお店が手に入れるものは、紙幣であったり、硬貨であったり、それ自体では具体的に生活の役に立たないものです。なぜ、お店はこんな紙切れや金属片をありがたがるのでしょうか？

　また、もう少し大きな金額の取引をするときには、クレジットカードを使ったり、銀行振込みをしたりします。これは、さらに奇妙なことです。なぜなら、お店からみれば、私たちがしていることは、私たちの取引先銀行に連絡を送っているだけだからです。その結果、お店が手に入れるものは、お店の取引先銀行のコンピュータに記録された預金残高の数字が変わることなのです。なぜ、お店はこんな電磁記録の変更をありがたがるのでしょうか？

　こうした疑問に対する一般的な答えは、紙幣や硬貨は法定通貨だからだということや、銀行は政府や中央銀行が監督している特別な存在だからだということです。でも、本当にそうでしょうか？

　私は、昔、東欧の社会主義国を旅行したことがあります。そ

こでは、その国が法定通貨だとしている紙幣や硬貨を出しても、西側の人間にとっておいしい食物やおもしろい書物を買うことはできませんでした。いまでも、クレジットカードについては、外国のお店のサイトでネットショッピングをしようとすると、その国の住所で発行されたカードでないと受け付けてもらえないことがあります。このように、法定通貨であっても、取引にいつも使えるとは限りません。

　また、世界的金融危機では、欧米で多くの銀行が危機に陥りました。預金を引き出す人の長い行列が報道されたこともあります。取引先の銀行の経営が不安なときは、預金を引き出して現金にしておくことが処世の知恵かもしれません。それでは、現金は、本当に値打ちがあるのでしょうか？　紙幣は中央銀行の負債だから大丈夫だといわれますが、多くの中央銀行では、資産のほとんどが国債です。国債の安全性は国により異なりますが、たとえばわが国政府は、残念ながら、GDPの倍以上の国債を背負っています。税収に比べれば、20倍の残高です。こうした借金は、結局は私たちや子どもたちが返済していかねばなりません。こんな借金の証文を見合いとする紙切れに何の値打ちがあるのでしょうか？

　こうした疑問は、平常時の経済では意味がないように考えられるかもしれません。しかし、私は、個人としての社会生活のほとんどすべてを、金融システムのために費やし、しかもその過半は、金融危機に対応するために悪戦苦闘を重ねてきました。そのなかには、取付けに近い事態が生じたこともありまし

た。また、私は、短い期間ですが、日本銀行で働き、銀行券、日本銀行のコンピュータシステム、わが国の決済システムにかかわる仕事を担当させていただきました。この間には、東日本大震災が発生しており、多くの関係者が決済システムの運行維持に大きな努力を払っていることを目のあたりにしました。

　その結果、私としては、金融について少し特異な考え方をするようになりました。つまり、「決済から金融を考える」ということです。この考え方が正しいかどうかわかりませんが、私のような経験をした人間はあまりいませんので、世の中の方々に説明させていただくことに希少価値がなくはないと思います。また、そのことによって、将来の経済社会をよくしていくために多少とも寄与できるとすれば、すばらしいことだと思います。

　この本では、そうした考え方をできるだけわかりやすく説明したいと思います。特に、金融、経済、法律について予備知識がなくてもおわかりいただけるよう、努めていきたいと思います。

平成27年3月

　　　　　　　　　　　　　　　　　　　　木下　信行

目　次

第1章 決済の役割

1 取引と決済 …………………………………………………………………… 2
　(1) 分業と取引 ……………………………………………………………… 2
　(2) 探索と交渉の費用 ……………………………………………………… 3
　(3) 強制の費用 ……………………………………………………………… 7
　(4) 決済の機能 ……………………………………………………………… 8

2 決済と時間 …………………………………………………………………… 12
　(1) 取引と時間 ……………………………………………………………… 12
　(2) 金利と自然利子率 ……………………………………………………… 13
　(3) 決済と金融商品 ………………………………………………………… 17

3 決済と銀行 …………………………………………………………………… 21
　(1) 銀行券による決済 ……………………………………………………… 21
　(2) 預金による決済 ………………………………………………………… 25

4 経済社会と決済システム …………………………………………………… 30
　(1) 当事者の情報処理能力 ………………………………………………… 30
　(2) 経済社会の情報処理の効率 …………………………………………… 31
　(3) 決済システムの機能 …………………………………………………… 32

第2章

情報通信技術と決済システム

1 決済と情報セキュリティ ……………………………………………36
 (1) 偽　　造 ……………………………………………………………36
 (2) なりすまし …………………………………………………………39
 (3) 侵　入　等 …………………………………………………………41
 (4) コンピュータの障害 ………………………………………………42
2 情報セキュリティに関する社会的枠組み ……………………45
 (1) 情報セキュリティと決済システム ………………………………45
 (2) 情報セキュリティと銀行経営 ……………………………………48
3 情報通信技術と決済サービス ……………………………………51
 (1) 情報処理の単価 ……………………………………………………51
 (2) 情報通信技術の進歩と決済システム ……………………………53

第3章

預金による決済システム

1 ネットワークと決済システム ……………………………………56
 (1) ネットワークの経済的性質 ………………………………………56
 (2) 預金による決済システムのネットワーク ………………………57
 (3) スタンダードの共有 ………………………………………………60
2 政府の寄与 …………………………………………………………63
 (1) 決済のためのルール ………………………………………………63

(2)	取引当事者としての政府	65
3	決済手段の価値の表示	67
(1)	銀 行 券	67
(2)	預　　金	69
4	預金の価値	71
(1)	預金の価値の均一性	71
(2)	預金の価値の変動	74

第4章

銀行システムの機能

1	市中銀行の機能	78
(1)	決済サービスと金融サービスの結合生産	78
(2)	銀行の収益構造	81
2	中央銀行の機能	83
(1)	決済システムの運行	83
(2)	金融調節	85
(3)	金融政策	88
(4)	中央銀行の収益構造	91
3	決済リスク	94
(1)	オペレーショナルリスク	94
(2)	法的リスク	95
(3)	カウンターパーティリスク	96
(4)	決済リスクの管理	98

4 政府の役割.. 102
(1) 預金の価値の安定.. 102
(2) 決済サービスにおける公正な競争の促進........................... 104
(3) 国際的な決済の管理... 105

第 5 章

金融市場の機能

1 金融商品と金融市場..110
(1) 金融商品の特性..110
(2) 金融商品の価格変動..111
(3) 金融商品の市場..113
(4) 金融商品による市場規律..114
2 証券市場と証券決済システム...117
(1) 証券取引の清算と決済..117
(2) 市場型取付け..119
(3) 証券決済のリスク管理... 122

第 6 章

わが国銀行による決済システムの当面の課題

1 決済サービスに対する企業のニーズの変化.............................. 128
(1) 情報通信技術利用のユビキタス化................................... 128
(2) わが国企業活動のグローバル化....................................... 129

2 企業取引に対応した決済サービスの高度化 130
 (1) 従来のわが国銀行の決済サービス 130
 (2) ヨーロッパにおける決済サービスの高度化 132
 (3) わが国における対応の方向 135
3 わが国銀行による決済システムの当面の課題 136
 (1) 新日銀ネットの稼働時間の延長 136
 (2) 銀行の決済サービスに関するリスク管理 138
 (3) 入金通知と取引情報の突合 140
 (4) 24時間リアルタイムの入金通知 143
4 決済サービスの改革に向けた取組み 146

第7章
決済システムの将来

1 預金による決済システムの競争環境 148
 (1) 預金による決済と証券決済の競合 148
 (2) 預金による決済システムの国際競争 150
 (3) 決済システムの地位の相対化 153
2 決済システムと政府 155
 (1) 銀行システムと政府 155
 (2) 政府による取引規制 156
 (3) 金融政策と財政規律 158
3 暗号通貨の挑戦 162
 (1) 情報の自律分散処理とセキュリティ 162

- (2) 電子マネー ……………………………………………………………… 164
- (3) 暗号通貨による決済 …………………………………………………… 165
- (4) 暗号通貨と銀行の決済サービス ……………………………………… 168
- (5) 暗号通貨による決済システム ………………………………………… 171
- 4 暗号通貨の価値 …………………………………………………………… 174
- (1) 暗号通貨の価値の安定化 ……………………………………………… 174
- (2) 情報処理能力本位制の決済システム ………………………………… 176

むすび ………………………………………………………………………… 182
参考文献 ……………………………………………………………………… 185
事項索引 ……………………………………………………………………… 188

第1章 決済の役割

1 取引と決済

(1) 分業と取引

　決済から金融を考える私の説明は、人々がなぜ取引をするのかにさかのぼります。つまり、人々はなぜ自分に必要な財・サービスを自分で生産し、自分で消費しないのでしょうか？

　その答えは明白です。人には、財・サービスを生産することについて、それぞれ向き不向きがあり、各々が得意な財・サービスに専念してつくったほうが、皆が同じような財・サービスを万遍なく生産するよりも、より役に立つ財・サービスをより多く生産できるからです。個々の人がほかの人と比べて優れている点を活かし、「分業」していくことで、社会全体としては、より役立つ可能性のある財・サービスが供給されるようになっていきます。

　ただし、人々の幸せは、財・サービスを生産することではなく、財・サービスを消費することによって得られます。「効用」という言葉は、大雑把にいえば、こうした幸せの量を示すものとして使われます。分業して財・サービスを供給することが、社会全体としての効用を増大させるためには、必要な人が必要な財・サービスを手に入れられるようになっていることが前提となります。つまり、個々人が相対的に優れている点を活か

し、社会全体としての効用を大きくしていくためには、分業で生産された財・サービスを交換する「取引」が不可欠なのです。

ただし、取引のために使う費用は、分業によって得られる利益よりも小さくなくてはいけません。さもないと、人々にとって、自給自足のほうが大きな効用をもたらすことになってしまいます。逆にいうと、取引のために使う費用を小さくすることができれば、より精密に分業が行われるようになり、同じ能力の人々が同じように働いても、社会全体としては、より多くの効用が得られるようになります。

(2) 探索と交渉の費用

それでは、取引のために使う費用は、どのように決まってくるのでしょうか？

まず、何と何を交換するか、だれと取引するかという「探索の費用」が必要であることは明らかでしょう。

次に、取引の相手が見つかった際に、人々が考えることは、自分が渡そうと考えている財・サービスと、相手から受け取ろうとする財・サービスを比べてみて、値打ちが釣り合っているかどうかです。大括りに考えると、人間は、皆、自分が渡す財・サービスよりも値打ちのある財・サービスを受け取りたいと考えますので、交渉を重ねていけば、結果として、すべての取引は「等価交換」に落ち着くことになるはずです。

それでは、何と何が等価なのでしょうか？　これは、個々の

財・サービスの価値を個々の人が考える場合には、答えのない問題です。人々は、それぞれほしい財・サービスが違いますし、同じ財・サービスについても、それを手に入れることによって効用が増す度合いは、人により異なるからです。こうしたなかでは、取引をしようとする相手を見つけて、交渉を行ったとしても、妥結のための決め手がないので、契約が成立する見込みはとても小さくなります。

しかし、取引の対象となる個々の財・サービスとは別に、人々が共通に価値の尺度として認めるものがあれば、個々の財・サービスとそのものの交換を行うことによって、この問題がかなり緩和されます。人々がそのものとの交換比率のかたちで自らの評価を表すようにするのです。この枠組みは、それ自体としては役に立たない作業を付け加えるようですが、とても有効です。

それがどれほど有効かは、簡単な数学を思い出していただければわかります。仮に、社会に100種類の財・サービスがあるとして、その財・サービスの価値をほかの個々の財・サービスとの交換割合で表そうとすれば、$100 \times 99 \div 2 = 4,950$件の情報が必要になります。ところが、共通に価値の尺度として認める一つのものがあれば、100種類のものの価値は、そのものとの関係で量ればよいので、その共通の価値自体を表す情報が追加的に必要になるとしても、示すべき価値の情報は、$100 + 1 = 101$件ですみます。この例では、情報処理の件数が約50分の1ですむことになります。

4

これを図示すると、図表1のようになります。左の「メッシュ型」のネットワークと右の「ハブ&スポーク型」のネットワークを比べると、個々の点をつなぐのに必要となる連結線の数が、「ハブ&スポーク型」ではずっと少なくなっています。これは、ハブをつくれば、経済社会が取引を行うための情報処理の件数を節約できることを意味します。

　こうした情報処理件数の節約が、人々が共通に価値の尺度として認める一つのもの、すなわち「通貨」の基本的機能です。そして、個々のものと通貨との交換比率が「価格」ということになります。それぞれのものに、通貨との交換割合で量った価格をつければ、交渉のための費用が大幅に節約できるのです。

　こうした価格づけの効率性を考えるために、現実の世界で、価格のつかないものの交換に関する交渉を行っている例をあげてみますと、外交交渉を想定することができます。外交交渉が妥結に至るまでにどれだけ大変かは、日々ニュースでご存じの

図表1　ネットワークの構成

［メッシュ型ネットワーク］　　　［ハブ&スポーク型ネットワーク］

とおりです。もし、価格がついていれば、その上げ下げについてだけ交渉をすればよいのです。

こうした「通貨」と「価格」という枠組みがきちんと働くためには、多くの前提が必要です。そのなかで最も重要なことは、通貨に対し、人々が共通して価値を認めるということですが、これは、この本全体を読んでいただいてはじめて説明できる課題ですので、ここではさておくこととしたいと思います。

そうしますと、次に重要なことは、通貨とものの交換割合をどのように設定するかということになります。先ほど書きましたように、ある財・サービスの価値は、それを手に入れようとする人により評価が異なりますが、取引を行う場合には、社会全体としてみると、等価交換に落ち着く以外にはありません。

価値観が個々の人間ごとに異なるなかで、社会全体として等価交換を効率的に実現していくための基本的なメカニズムは、先ほど通貨の基本的役割について述べたことと同様、交渉のチャネルをハブ＆スポーク型のネットワークとすることです。つまり、それ自体は財・サービスの取引を必要としない相手に対し、人々が集中して取引価格を申し出ることによって、個々に交渉を行う場合よりも、情報処理の件数を節約していくことができます。これが「市場」の基本的役割です。市場の「価格発見機能」の発揮は、交渉のための情報処理の件数を削減するために取引を集中することに伴って可能となります。

このように、個々の人の比較優位を活かし、取引を通じて社会全体としての効用を大きくしていく際に、情報処理の費用を

節約するためには、通貨と市場という枠組みを用いることがとても役に立つのです。

(3) 強制の費用

これまで述べてきた説明は、暗黙のうちに、取引を行う双方の人が同時に財・サービスや通貨を引き渡すということを前提としてきました。これは、たとえば現金の支払により商店で食品等を買う場合等には、ほぼ当てはまります。しかし、現実には、そうした同時引渡しが行われない取引もたくさんあります。たとえば、個人とお店の間の財・サービスの売買であっても、洋服の仕立てであったり、取寄せの家具を買ったりする場合には、財・サービスの引渡しと通貨の引渡しとの間には、一定の時間のズレがあります。

このような場合、取引を行おうとする人には、自分は財・サービスや通貨を引き渡したのに、相手からは対応する通貨や財・サービスを引き渡してはもらえないということになるのではないかという心配があります。個々の人としては、いくら取引相手の情報を集めても、こうした心配を解消させることはできません。このままでは、取引自体が行われなくなってしまいますので、社会全体としては、契約に基づく引渡しを強制する枠組みが必要になります。それが法律と裁判所の役割です。

具体的には、契約に基づく引渡しは法律上の義務とされており、それを実行しない人に対しては、裁判所に訴えて、取引対象の財・サービスを強制的に引き渡させたり、引渡しが契約ど

おり実行されなかったために生じた損害を賠償させたりすることができます。また、こうした裁判所の命令に従わない場合には、その人に対して罰金や懲役等の処罰が行われます。現実の社会では、これによって、ほとんどの取引では、裁判所が関与せずとも、円滑に契約が成立し、自発的に引渡しが実行されることになります。「強制の費用」が節約できるのです。

　以上で述べてきた探索の費用、交渉の費用、強制の費用は、総称して「取引費用」と呼ばれることがあります。通貨、市場、法律といった枠組みは、社会全体として取引費用を節約するための枠組みだという考え方です。

(4) 決済の機能

　この本の主題は、「決済から金融を考える」ことです。次に、これまで説明してきたことと「決済」の関係について述べたいと思います。

　そこで、言葉としての「決済」の意味が何かを辞書等で調べてみましょう。辞書によってさまざまな記述が行われていますが、共通のポイントは、取引を完了させるということにあります。決済の対象となる取引としては、財・サービスと財・サービスの交換もありえますし、決済の方法としては、財・サービスを引き渡す契約同士を突き合わせることもありえます。しかし現実の社会では、財・サービスの引渡しに対して通貨を引き渡すかたちの決済が大半です。これは、先ほど説明しましたように、通貨を使うことで、何と何を交換するか等を探索するた

めの費用や、何と何が等価交換かを交渉するための費用を大幅に節約できることによります。以下では、さしあたり、財・サービスの引渡しに対して通貨を引き渡す場合を念頭に説明することとします。

　まず、決済が経済社会においてどのような役割を果たしているのかという問いについて考えてみましょう。この点については、決済が行われるかどうかが不確実な場合には、どんなに通貨、市場、法律が整備されていても、自分は財・サービスを引き渡したのに、相手は対価である通貨の引渡しができないという状態に陥るおそれが残ることがポイントです。決済システムが機能しなければ、裁判所に訴えても、現実の通貨の引渡しを強制することができません。このままでは、取引自体が行われなくなってしまいます。また、そこまでいかなくとも、決済のために高い費用や長い時間を要する場合には、その費用や時間に見合わないような取引は行われなくなってしまいます。つまり、これまで述べてきたような通貨、市場、法律がきちんと機能するためには、決済が確実かつ便利に行われる枠組み、すなわち「決済システム」の存在が不可欠なのです。

　決済システムのこうした基本的な役割は、日常の生活では意識されづらいことです。しかし、かつてインターネットが普及し始めた頃、商品としての情報をインターネット上で販売しようと考えた人々にとっては、ビジネス自体が成り立つかどうかという深刻な問題でした。インターネット上で決済も行うことができるのでなければ、販売先がなかったのです。これを解決

するために、クレジットカードの安全な利用方法の開発、プリペイドによる電子マネーの創設、通信料への加算による対価の回収等、さまざまな決済方法が工夫されました。しかし、結局、情報提供自体は無料として広告等で収入を得るビジネスモデルが多用されるようになっています。インターネット上の取引の形態が、決済システムの限界に見合ったようなものになったのです。

それでは逆に、決済システムがきちんと役割を果たすために、通貨、市場、法律はどのような役割を果たしているのでしょうか？　この論点は、銀行を中心とする金融システムの枠組み全体にかかわるテーマなので、やはり、この本全体を読んでいただいてはじめて説明できることになります。

ただし、取引費用の観点からみた決済と通貨の相互関係のうち、強制の費用についてだけは、ここで少し触れておきたいと考えます。それは、「法定通貨」とは、何を意味するかということです。辞書等をみますと、「契約が成立した後には、それによる決済を拒絶できないという強制力を持つ債務の弁済手段」とされています。ここで大事なことは、成立した契約に関する制度であって、法定通貨で支払う契約を結ぶ必要はないということです。また、財・サービスの売り手は法的通貨による決済を拒絶できませんが、買い手は法定通貨で支払うことを求められても拒絶してさしつかえありません。これは、物々交換を考えれば当然のことですが、それ以外でも、売り手が承諾さえすれば、外貨等で支払うこともまったく問題ありません。か

つてのわが国では外貨での決済は禁止されていましたが、これは経常収支の赤字が続いていたので、政府が輸入代金の資金繰りを一括管理していたことによるものでした。現在では、国内の取引を外貨で決済することは合法です。

　こうしてみると、決済と通貨がうまく機能するかどうかは、相互に循環的な関係にあることがわかります。つまり、決済をきちんと行いやすいものが通貨となる一方、通貨として使いやすいものを用いることで決済をきちんと行うことができるということです。そして、この双方の因果関係には、相乗作用が働きます。これは、経済社会と決済システム、銀行、金融市場を考えるうえでとても大事なことですので、後ほど、詳しく説明します。

2 決済と時間

(1) 取引と時間

　これまでは、一瞬のうちに交渉が行われ、実行されるような取引を前提として説明してきました。しかし、現実には、取引自体に時間がかかる場合もありますし、いつ取引を行うかを含めて交渉が行われる場合もあります。こうした取引の決済は、どのように行われるのでしょうか？

　時間は、取引において大きな意味をもちます。たとえば、電気製品を買うような取引を考えると、取引を先送りしている間は、その製品を使って楽しむことはできません。また、時間がたつにつれ、取引されるものの性質やその価格が変化しますし、その変化の度合いは、事前には不確実です。電気製品の例で考えると、技術進歩が見込まれますので、時間がたてばより高い品質の財・サービスが手に入る可能性があると予想されますが、いつそうなるかは不確実ですし、その価格が現在よりも高いのか安いのかもわかりません。

　こうした待機期間や不確実性をどう評価するかは人によって異なりますので、仮に何を取引するか自体については合意が成立する場合であっても、引渡しの時点と価格をめぐって思惑が食い違うために、契約が成立しないおそれが生じてきます。

食い違いを埋め合わせるための手段としては、財・サービスを早く引き渡して対価を得たい人が在庫を用意しておくことや、財・サービスを早く受け取りたい人が対価を渡して予約しておくことがあります。多くの人が取引の対象とするような一般的な商品であれば、これで対応が可能かもしれませんが、そうでない商品については、在庫を用意していたり、予約等に応ずる準備をしていたりする取引相手を探索するための費用や、在庫や予約の準備に要する費用の分担に関する交渉の費用が高くなってしまいます。

(2) 金利と自然利子率

　そこで、こうした費用についても通貨に基づく価格を設定することで、探索や交渉の費用の節約を図ることになります。これは、現時点で引渡しを実行する場合の価格と、将来のある時点で引渡しを実行する場合の価格の比率をどのように設定するかという問題です。

　この問題を、個々の財・サービスに焦点を当てて考えると、財・サービスの価格そのものに関する交渉に加えて、在庫や予約の準備に係る費用を節約しようとする売り手と、引渡しを待ちたくない買い手との間の交渉によって決まってくるということになります。

　一方、この問題について、人々の価値を表す共通の尺度という通貨の機能に焦点を当てて考えると、ある財・サービスの取引に際し、その対価である通貨を現在引き渡す場合と将来引き

渡す場合でどのような交換比率とするかという交渉によって決まってくるということになります。

　こうした通貨の引渡しの時点間の交換比率は、先ほど財・サービスの取引一般について述べたことと同様、市場における取引によって決まってきます。つまり、将来のある時点で通貨を引き渡すという義務を負ってもらうためには、現時点でいくらの通貨を引き渡せばよいかという取引です。このようにして異時点間の通貨の交換割合が決まる市場が「金融市場」です。また、そこで決まってくる交換割合が「金利」ということになります。金融市場での取引に参加する人は、少しでも自らに有利な取引となるように、可能な限り多くの情報を集めて交渉を行いますので、その結果として市場で決まってくる価格は、その社会で可能な限り多くの情報が集まった結果ということができます。

　金融市場での取引の判断の基礎となる情報は、通貨の機能そのものに対応し、現在さまざまな財・サービスを買う際の共通の価値と、将来さまざまな財・サービスを買う際の共通の価値にかかわるすべての情報となります。

　この情報が何かということについて、財・サービスのサイドから考えますと、今後、さまざまな財・サービスが全体としてどのように供給されていくかという、経済社会の供給力の変化によることになります。つまり、将来にはより多くの財・サービスが供給されるのであれば、将来に財・サービスを消費することは、現時点で財・サービスを消費することよりも、供給力

の増加率だけ値打ちが低いとみられるのです。この供給力の変化率は、「自然利子率」と呼ばれます。自然利子率が決まっていく要素としては、途中の説明を省略しますが、生産に従事できる労働力の変化、生産のために用意された設備等の資本の変化、技術進歩や資源配分の効率化に基づく生産性の変化があげられます。

　それでは、財・サービスの供給力によって決まってくる自然利子率と金融市場での取引によって決まってくる金利とは、どのような関係にあるのでしょうか？　基本的には、等しくなるはずです。なぜなら、取引の基本は等価交換ですので、現時点で財・サービスと通貨を交換する取引と、将来のある時点で同じ財・サービスと通貨を交換する取引について、その２種類の取引を交換する取引を行えば、やはり等価となるはずだからです。さもないと、異時点間で財・サービスを交換する取引を行う人か、異時点間で通貨を交換する取引を行う人か、どちらか片方が一方的に儲かってしまいます。そうすると、儲かるほうの取引を行う人が増えますので、儲からなかった取引と等価になるメカニズムが働きます。言い換えれば、将来の消費を割り引いて現在の消費に置き換えるための比率は、財・サービスで量れば自然利子率であり、通貨で量れば金利であるということになります。

　ただし、金利と自然利子率を異なるものとさせる要素が三つあります。

　第一に、財・サービスの消費にかかわる要素があります。つ

まり、人の寿命は有限ですので、生きている間に消費できなければ、死んだ後にいくらすばらしい財・サービスが供給されるとしても意味はないということです。もっとも、この考え方には、人の効用は、自らの子孫が消費することによっても、等しくもたらされるという考え方からの修正もありえます。また、逆方向の修正として、人の心理はそんなに合理的ではないので、仮に客観的にみて等価であったとしても、現在の消費は将来の消費よりも好まれるという考え方もあります。こうした考え方のどれがどの程度正しいかは、とても興味深い問題ですが、この本では、やはり説明を省略せざるをえません。

　第二に、財・サービスの供給にかかわる要素もあります。これは、どんなに現在の情報を集めても、将来の供給力の変化は、厳密には予測できないということによります。たとえば、将来、思わぬ災害で設備が破壊されるかもしれませんし、生産に従事できる人口が移民等により意外に増加するかもしれません。人々は、こうした不確実性がある場合、現時点での消費を小さくして、将来に備えようとします。この行動パターンは、保険というビジネスが成立していることからみても明白です。取引における不確実性は、一般に、「リスク」と呼ばれ、それに備えるための保険料は「リスクプレミアム」と呼ばれます。同じ自然利子率の経済でも、不確実性が大きい場合には、金利は高くなります。ただし、ここで述べているリスクとそのプレミアムは、経済社会全体に関するものであることにご留意ください。個々の取引に関するリスクについては、また後ほど説明

することとします。

　第三に、インフレーションやデフレーションによる影響があります。これまで述べてきた価格は、個々の財・サービスを通貨と交換する際の比率ですが、インフレーションやデフレーションは、人々が共通に認める通貨の価値自体が時間の経過につれて変化していくことを意味します。また、金利は、将来のある時点で通貨を引き渡してもらうために現在いくらの通貨を引き渡せばよいかという価格ですが、その期間に通貨価値の変動が見込まれていれば、その分だけ、将来引き渡してもらえる通貨の現時点でみた値打ちは低下します。そこで、金融商品の取引では、その分を金利に上乗せして採算を考えることになります。このような将来の通貨価値の変動の見込みが「予想物価上昇率」であり、現実の金融市場で成立する名目金利から予想物価上昇率を差し引いたものが実質金利です。これまで自然利子率と等しくなるはずと説明している金利とは、実質金利のことなのです。

　どうしてインフレーションやデフレーションが生ずるかについては、金融政策をはじめとする経済政策を論ずるうえで重要なテーマとなっています。この本では、決済と金融の機能を考えるという角度から、後ほど、中央銀行の機能や決済システムの将来との関連について触れることとします。

(3)　決済と金融商品

　次に、この本の主題である決済と、時間の関係を考えること

としましょう。

　まず、取引の契約と実行の間に時間がかかるような場合の決済方法としては、論理的には、実行の時点まで決済の時点をずらすことと、その時間に応じた通貨の貸し借りで金融商品をつくり、これとものの交換を行って現時点で決済することの二つが考えられます。前者では、取引の契約を行った両者について、その期間、財・サービスの引渡し義務と通貨の引渡し義務の双方が残っていますが、後者では、金融商品だけが残ることになります。逆にいえば、金融商品とは、通貨による決済のタイミングを操作するための商品なのです。

　この二つの方法は、一見すると同じようにみえますが、金融商品を受け取る側の当事者からみると、大きな違いがあります。つまり、ある財・サービスを引き渡してもらう権利と異なり、金融商品は第三者に容易に転売することができるのです。たとえば、小売商の商品仕入れについて考えてみますと、特定の商品を引き渡してもらう権利を第三者に転売しようとする場合には、その商品を取り扱う他の小売商等、限られた取引相手を探索しなくてはなりませんし、相手を見つけても、品質の劣化等のリスクがあるので不利な交渉を強いられます。これに対し、金融商品については、決済システムがきちんと機能している限り、探索や交渉の費用が節約されていますので、第三者への転売が相対的に容易なのです。

　金融商品を使って取引に時間がかかることに対応するという仕組みは、個別の取引だけではなく、多くの取引を束としてみ

た場合にも、有効に機能します。現在の経済活動の主役は企業であり、機能面から企業をみると、取引を束として行うための枠組みと考えることができます。大括りにいえば、企業は、特定の組織のもとで取引を継続して行うことで、情報処理費用を節約するための枠組みなのです。金融商品は、企業活動が成果をあげるために時間がかかることに対応する枠組みとしても機能しています。

　たとえば、小売商が卸売商からさまざまな商品を仕入れ、消費者に販売するような場合を考えますと、仕入れの時点と販売の時点には、商品ごとに差はあるにしても、全体としてかなりタイムラグがあります。その間、小売商は、商品の面では、在庫を抱えているのですが、通貨の面では、卸売商への支払を行った一方で消費者にはまだ販売できていませんので、全体として不足が生じています。企業活動を続けていくためには、この期間での通貨の不足をなんらかの方法でまかなわねばなりません。

　かつての金融実務では、こうした場合、小売商は、卸売商に対し、消費者への販売が見込まれる時期に通貨を引き渡す契約を記載した「手形」を引き渡すことで決済することが一般的でした。この手形が表す権利は、小売商に引き渡した商品を取り返す権利とは別のものですので、卸売商は、第三者に売ることで容易に通貨を得ることができます。

　歴史をみると、こうした決済と金融商品の組合せは、企業活動にとってきわめて有効ですので、まず取引当事者の間で慣行

が確立し、次いで、それを政府が改善し、確立させてきています。たとえば、わが国では、手形に記された通貨の引渡し義務とそのもととなった取引とを、法律上も明確に切り離すこと等により、第三者が手形をいっそう買いやすくなるための枠組みを設けています。

　決済と金融商品の組合せについては、情報通信技術の進歩に応じて、その具体的な実現方法が変わってきます。現在では、手形に印紙税がかかること等もあって、紙による手形を使わない「電子記録債権」等の枠組みが用いられるようになっています。しかし、決済と金融商品の組合せの基本的なメカニズムに変わりはありません。

　このように、企業活動全体をみた場合にも、金融商品を使うことで取引に係る費用を節約できるということは、取引の束である企業活動と金融商品の取引が集中する金融市場とが表裏一体の関係にあることを意味します。このことは、逆にいえば、金融商品の決済システムが機能不全に陥ると、企業活動、ひいては経済全体に悪影響が及ぶということでもあります。

3 決済と銀行

(1) 銀行券による決済

さて、これまで、通貨、金融商品、金融市場について、取引や企業活動との関係を説明してきました。そして、これらがきちんと機能するためには、確立した決済システムが欠かせないと述べてきました。それでは、具体的に、どのような方法により、決済システムは機能しているのでしょうか？

まず、説明の出発点として、通貨の具体的なかたちについて考えてみます。私たちが通貨として最初に思い浮かべるものは、銀行券や硬貨です。日用品を買うときには、商店で、財・サービスと銀行券や硬貨を交換することにより、取引とその決済を行います。

銀行券は中央銀行の債務証書で、硬貨は政府の製造した資産ですが、どの国でも、銀行券が現金のほとんどを占めています。

そこで、わが国における日本銀行券の流通のプロセスを概観しましょう。銀行券は、まず、銀行が日本銀行に対して有する当座預金を引き出すことにより、日本銀行の窓口から出ていきます。そのうえで、消費者が銀行に対して有する預金をATM等で引き出すことで、銀行券は社会に出ていき、商店での買い

物等に使用されます。使用された銀行券を受け取った商店は、取引先の銀行に持ち込んで、自らの預金残高を増額してもらいます。そうすると、銀行は、持ち込まれた銀行券を日本銀行の窓口に持ち込んで、自らの日本銀行当座預金の残高を増額してもらうのです。

　しかし、決済システムの運行という観点からは、銀行券による決済にはいくつかの制約があります。

　第一に、銀行券は、物理的に引き渡すことで、所有が移ってしまいます。このことは、簡潔に決済を行ううえでは大きなメリットがありますが、銀行券が損傷したり、盗まれたりすると、本来の所有者が価値を失ってしまうというデメリットにもなります。

　このうち、損傷銀行券については、わが国では、部分的な損傷であれば、日本銀行が新しい銀行券と引き換えることとされています。引換えは日常的に行われていますが、大きな話題となった例としては、東日本大震災で発生した大量の損傷紙幣の引換えがあげられます。地震や津波により、多くの方の銀行券が損傷してしまった一方、避難等で不便があるなかでは、銀行券を所持していることはとても貴重でした。そこで、日本銀行は、支店がなかった岩手県に臨時出張所を開設したり、損傷券のチェックにノウハウのある職員を全国から派遣したりして、組織をあげて対応しました。

　また、銀行券については、盗難への備えもきわめて厳重でなくてはなりません。企業でも、銀行でも、銀行券の運送や保管

にはきわめて神経を使っています。とりわけ日本銀行は、全国各地の取引に銀行券が過不足なく行き渡るよう、運送と保管を行わねばなりません。特に運送については、1回に運送する銀行券がきわめて多額ですので、盗難保険をかけることもできません。パトカーやヘリコプターに警護してもらいながら、金庫を荷台とし防弾ガラスを窓に使う等、特別の仕様とした「現送車」を運行しています。近年では、年金の支払等により銀行券が払い出されることの多い地域と、販売代金等により銀行券が持ち込まれることの多い地域とが分かれてきていますので、銀行券の運送の必要性も増大を続けています。

　第二に、銀行券は、物理的な媒体であるうえに、だれもが手元で観察できますので、偽造の危険がとても大きいものです。銀行券の印刷には、偽造を防ぐためのさまざまな技術が盛り込まれており、商店、銀行、日本銀行の各々の段階で、そうした技術に基づいて、偽造券を検知するための作業が繰り返されています。たとえば、身近なところでは、自動販売機で飲み物を買う度に、偽造検知装置が稼働しています。なかでも、銀行券の管理の元締めである日本銀行では、最高の技術水準を備えた銀行券自動鑑査機を装備し、銀行との出し入れの度に、銀行券の偽造等を厳密に点検しています。また、銀行券が汚損しますと偽造しやすくなりますので、そうした銀行券の排除も行っています。

　第三に、銀行券は、物理的な媒体ですので、運送や保管に大きな費用や長い時間がかかります。これは、通信販売での買い

物等で、現金書留を用いる場合とクレジットカード番号を入力する場合とを比べれば実感していただけると思います。とりわけ、銀行券の保管の負担が集中する日本銀行では、各支店に厳重かつ大規模な金庫が備えられています。

　以上述べたような、物理的な媒体であることに伴う銀行券の制約は、硬貨ではよりいっそう顕著になります。したがって、現在では、硬貨は、ごく少額の決済のための補助的な媒体として用いられるようになっています。

　このように、決済システムを機能させるうえでは、銀行券や硬貨の使用は非常に費用のかかる方法なのです。それでは、こうした費用はどれほどのものなのでしょうか？

　この点に関し、平成25年度の日本銀行の決算書をみますと、印刷局に支払う約480億円の銀行券製造費を含め、777億円が日本銀行券による決済のシステムの運営である発券業務のために支出されています。銀行券の残高は約87兆円ですので、金利換算にしますと、0.09％弱です。銀行券にかかわる費用としては、さらに、仕様の切換え時には銀行券製造費等がかさむことや、日本銀行の施設に占める比重が大きい金庫の設置管理費用を含めて考える必要があります。現在の政策金利は0.1％ですから、日本銀行の資金運用利回りは、銀行券による資金調達費用をまかなうことがむずかしい水準にまで引き下げられていることになります。また、これは、日本銀行が直接負担する費用であり、銀行や企業が負担する費用ははるかに大きいものと考えられます。

(2) 預金による決済

　銀行券や硬貨には、物理的な媒体であることに伴うこのような制約があるうえに、引渡しによって決済が完了してしまうので、決済のタイミングをずらすことができないという制約があります。そうした制約に対応するためには、先ほど述べたように、財・サービスの取引の決済と金融商品の取引を一体的に行うことが効率的です。

　このため、現在の決済システムは、銀行券や硬貨ではなく、主に、銀行預金の残高記録を電子的手段で書き換えることにより運営されるようになっています。わが国では、実態として、日本銀行券は、消費者、商店、銀行のもつ預金残高を増減するための手段として使用されていると考えられます。

　そこで、まず、預金による決済の手順について、図表２に沿って、具体的に説明します。私たちが財・サービスを買う対価を企業に支払おうとする場合には、まず、自らの取引銀行に対し、自分の預金残高から対価に見合う金額を企業に振り込むよう指図します。指図を受けた「仕向け銀行」のＡ銀行は、振込人Ｘの口座にアクセスし、必要な額の残高があるかどうかを確かめたうえで、その預金残高から所要額を減額します。次いで、Ａ銀行は、その金額を自己勘定に振り替えます。これを、銀行では、「資金化」と呼んでいます。そのうえで、Ａ銀行は、企業の取引銀行Ｂにその金額を送付する旨を通知します。連絡を受けた「被仕向け銀行」は、振込先Ｙの口座にアクセスし、

図表2　預金を用いる決済システム

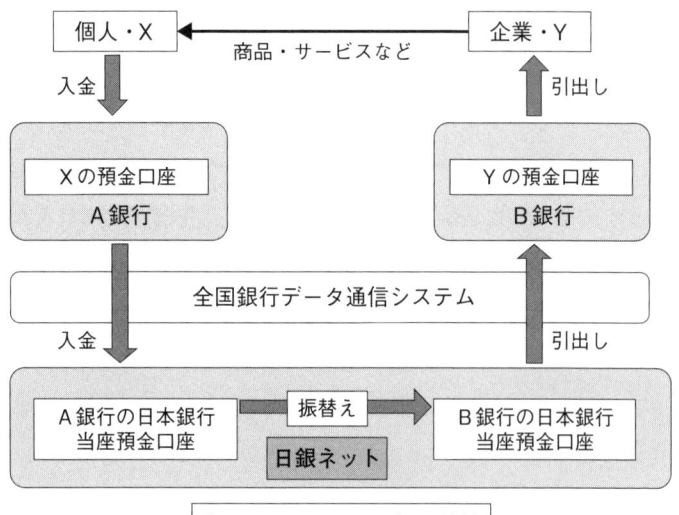

```
    個人・X  ←── 商品・サービスなど ── 企業・Y
      │入金                              ↑引出し
      ↓                                  │
  ┌─────────┐                      ┌─────────┐
  │ Xの預金口座 │                      │ Yの預金口座 │
  │  A銀行   │                      │  B銀行   │
  └─────────┘                      └─────────┘
  ┌──────────────────────────────────────┐
  │         全国銀行データ通信システム          │
  └──────────────────────────────────────┘
      │入金                              ↑引出し
      ↓                                  │
  ┌──────────┐  振替え  ┌──────────┐
  │ A銀行の日本銀行│ ────→ │ B銀行の日本銀行│
  │ 当座預金口座  │        │ 当座預金口座  │
  └──────────┘        └──────────┘
           日銀ネット
```

大口：リアルタイムグロス決済
小口：時点ネット決済

指図された送金先に合致していることを確認したうえで、通知された金額を増額します。

　この手順を実施するうえでは、決済システムのインフラストラクチュアがフルに機能しています。まず、仕向け銀行と被仕向け銀行の間の通信は、万全のセキュリティが確保された銀行間通信ネットワークを通じて行われます。わが国の内国為替では、「全銀システム」というネットワークが運用されています。そのうえで、以上のような個別の顧客間送金を各々の銀行全体として合計します。その帳尻をあわせるための銀行間送金は、各々の銀行が中央銀行に有する当座預金間の振替えによって行

われます。わが国では、そのためのネットワークや中央銀行のシステムは、「日銀ネット」という名称で日本銀行により運用されています。

　利用者からみると、こうしたネットワークの運用は、水道や電力と同様、日常では円滑に動いていることが当然のように感じられます。しかし実際には、ネットワークを構成する銀行のコンピュータにはしばしば障害が生じますし、個別の預金口座に関する情報処理能力にも上限があり、オーバーフローする危険があります。担当者は、そうした事態が生じないよう、常に緊張してコンピュータの操作を行うとともに、万が一のことがあれば、不眠不休で回復にあたっています。特に、全銀システムや日銀ネットのようなインフラストラクチュアは、常に細心の注意を払って運用する必要があり、コンピュータの管理を担当する職員は24時間の交替勤務をしています。さらに、東日本大震災のような事態に備え、業務継続計画が策定されており、これに従って、休日でも多数の役職員が万が一に備えて待機をしています。

　しかも、こうしたネットワークは、日々改善を重ねていかなければなりません。これは、需要面からみると、まず、処理すべき決済件数が増加を続けていることによります。その要因としては、経済成長に伴うものもありますが、金融商品の取引がより頻繁に行われるようになったことによるものもあります。また、取引は、24時間、グローバルに行われるようになっていますので、決済システムでも対応していくことが必要です。

一方、供給面からみると、情報通信技術は加速度的に進歩し続けています。このことは、ネットワークのより効率的な運用のために技術進歩を活かしていくチャンスを与えてくれる一方、既存のシステムの陳腐化がどんどん進むということでもあります。ハードウェアの面では、1年半で能力が倍増するという「ムーアの法則」がしばしば指摘されます。また、ソフトウェアの面でも、より有効な処理を可能とする技術が次々に開発される一方で、かつて用いていたコンピュータ言語がいまや化石になってしまい、プログラムの手直しが不可能になるというようなことも起こります。決済に用いるコンピュータシステムにかかわる人々は、いつも開発案件に追いまくられているということが実情です。

　預金による決済システムは、このように、もっぱらコンピュータシステムの運行により、経済社会の基幹インフラストラクチュアとして機能しています。

　ただし、わが国における運行を仔細に検討しますと、かつての手作業による銀行実務の残滓等がいくつか見受けられます。まず、銀行間の送金のプロセスがあたかも銀行券を電子的手段で送っているかのような手順を踏んでいることです。これは、かつて「総勘定元帳」への記帳を中心に事務を行っていたことによるのではないかと推測されます。また、被仕向け銀行の預金残高が増額されても、入金通知は行われないことが普通です。これは、かつて預金通帳への記帳を中心に事務を行っていたことに対応するものでしょう。このほか、わが国では振込み

が中心で、引落しの役割が個人口座からの公共料金引落し等に限定されていることも特徴です。これは、個人向けの信用供与を忌避していたかつての慣行によるものではないかと考えられます。

　こうした実務のもとで、わが国の預金による決済システムでは、商品の売り手からみて、個別の入金と対応する取引との突合がむずかしいというデメリットが生じています。これに対し、銀行券等による決済は、取引時に銀行券を物理的に引き渡すので、対応取引との突合がおのずと確保されています。このことも、わが国で銀行券等による決済の比重が大きいことの背景にあるのではないかと考えられます。

4　経済社会と決済システム

(1)　当事者の情報処理能力

　以上で述べてきたように、決済システムは、企業、市中銀行、中央銀行等により、膨大な費用をかけて運用されています。それでは、決済システムを用いることは、取引を行う当事者からみてどのような意味があるのでしょうか？　取引ごとにいちいち対価を引き渡したり、金融商品に差し替えたりという手間をかけずとも、たとえば、取引の記録を積み重ねておいて、年に一度だけ決済をしたり、事前に取引の年間計画をつくっておき、人々がそれに従って取引をしたりすればよいのではないのでしょうか？

　取引を行う個々の人に関して、その答えを考えれば、その人の情報処理能力が限界に達しないようにするということがあげられます。そのことの意味は、たとえば、パソコンのアプリを次々に開いて、さまざまな作業を並行して進めていくと、メモリーがいっぱいになってしまい、遅かれ早かれフリーズしてしまうことを考えていただければおわかりだと思います。取引を行う個々の人についても同様の問題があります。決済のすんでいない取引が積み重なると、新たな取引に取り組む余力がなくなってしまいます。このことは、個人のかわりに企業を考えて

も、おおむね同様です。現実のわが国の企業では、決済が行われた売掛金を台帳から消し込む作業を含め、売掛金の管理に多大な手間がかけられています。あまりに未決済の売掛金が多くなりますと、その管理に追われ、新しい財・サービスの開発や取引に振り向ける余力を圧迫してしまいます。

(2) 経済社会の情報処理の効率

また、社会全体としての情報処理を考える場合には、分散して処理するほうが中央で集中して処理するよりも効率的だということがあげられます。かつての社会主義国では、人々の必要に応じて計画的に生産を行えば、資本主義体制よりも、人々に幸せをもたらす経済運営を行うことができると考えられていました。この考え方の是非は、「社会主義計算論争」と呼ばれる重要な論点でした。しかし、歴史が示すように、社会主義国は巨大な無駄を生み、崩壊してしまいました。これは、当事者のインセンティブのゆがみ等の問題にもよるものですが、根本的には、経済社会のような複雑なシステムは、中央集権的な情報処理によっては円滑に動かないことによるものです。

私は、個別の取引ごとに決済を行うというシステムのもとで、人々が市場を中心に取引を行う一方、決済システムの効率化を進めていくことが、経済社会全体としての効用を拡大していくための近道だと信じています。

(3) 決済システムの機能

　ここで、以上の説明のまとめとして、決済システムの機能に関する簡潔な整理をしておきたいと思います。

　まず、決済の意義を、法律用語も用いて確認しますと、当事者間の債権債務を解消させるための手段だということです。契約を行うことによって、取引の当事者には、それぞれ、財・サービスや通貨を受け取る債権と財・サービスや通貨を引き渡す債務が生じます。これをそのまま積み重ねていきますと、社会としては取引による効用の増大が実現しませんし、当事者としては情報処理能力が消耗していきます。そこで、決済を行うことによってクリアするわけです。このように、決済は手段であってそれ自体が目的でないことに留意が必要です。

　また、その経済的効果については、取引当事者が完了した取引の効力を覆される懸念をもつことなく次の取引に取り組むことを可能とすることにあります。決済を行った後でしばしば巻戻しが行われるのであれば、取引による効用の増大や情報処理能力の回復という効果を得ることはできません。このことは、とりわけ中央銀行における決済については、「決済のファイナリティ」という課題として強く意識されています。しかし、これまで説明したところからすれば、決済のファイナリティは、それ自体が目的ではなく、当事者が取引を完了させる手段であることが重要です。これによって、経済社会としては分業の利益が実現するとともに、当事者としては次の取引に向けて創意

工夫を行うことができるようになるのです。

　そして、決済の実効性を確保するためには、支払指図等の情報の的確な伝達と対価として支払われる決済手段の価値の安定が必要です。前者については、まず、伝達するための紙や電磁信号等の媒体が真正なものかということが重要です。また、伝達行為についてみますと、中央銀行に対する支払指図である銀行券では、その交付によって、的確な伝達が物理的に確保されています。しかし、預金では、取引当事者が各々自らの口座のある銀行に支払指図を行うことになりますので、銀行と顧客の間の通信が重要なポイントとなります。この分野では、クレジットカードやプリペイドカード等により、さまざまな工夫が行われています。

　一方、支払われる決済手段の価値の安定については、まず、決済の時点において、その手段に表示されている価値を当事者が共通に信頼していることが不可欠の前提です。

　そのうえで、決済手段の価値については、時間の要素が入り込んできます。まず、決済を行うプロセスの間に価値が変動しないかという点です。これは、ものの引渡しと通貨の引渡しが同時に行われる場合には問題になりませんが、そうでない場合には、たとえば預金を通ずる決済の途中で、銀行が倒産したり、外貨預金の為替相場が変動したりすること等の問題があります。次に、決済に際して金融商品を用いる場合には、決済手段の価値が将来上昇していくと考えているか否かが影響を与えます。たとえば、急激なインフレーションが生じた国では、国

内の取引についても、自国の預金等が決済に用いられず、より価値の安定した外貨が用いられる「ダラライゼーション（dollarization）」が発生しました。

　こうした決済が有効に機能するための必要条件は、法定通貨について触れたように、法律で決めれば満たされるようになるものではありません。決済をきちんと行えるものが通貨となる一方、通貨として使いやすいものによることで決済をきちんと行うことができるという相乗作用を通じて、満たされるようになっていくものです。そのために多くの人々の絶え間ない努力により運行されている枠組みが決済システムなのです。

第2章 情報通信技術と決済システム

1 決済と情報セキュリティ

(1) 偽　造

　前章で述べたように、決済システムが有効に機能するためには、支払指図等の的確な伝達が前提条件となります。支払指図等について誤った処理がしばしば行われるようであれば、取引の完了という決済本来の目的に反することになります。通貨を引き渡したつもりでも、後日になって繰り戻されるかもしれないということでは、人々は次の取引に安心して取り組むことができません。

　この前提条件が破られる場合を考えてみますと、支払指図等が偽造されること、誤った相手に伝達されること、指図の実行ができないことという三つの脅威があげられます。

　偽造の脅威については、銀行券を考えるとわかっていただきやすいと思います。銀行券は、日常感覚とはやや異なるかもしれませんが、中央銀行の債務証書なのです。かつての「金本位制」の時代には、中央銀行の窓口に持ち込めば、金に引き換えてもらうことができました。中央銀行としては、偽札が出回れば見合いの資産なしに負債がふくらむことになりますので、そうしたことがないよう厳しく点検しており、万が一偽札があれば、受取りを拒絶します。中央銀行で偽札が検出されれば、そ

れを持ち込んだ市中銀行が損害を負担することになります。そこで、市中銀行は、そうした憂き目にあうことのないよう、企業から持ち込まれる銀行券を厳しく点検します。そうなると、商店等でも、偽札ではないかを厳しく点検することになるのです。

　こうしたことの重要性については、外国で買い物をすると気がつきます。たとえば、アメリカのスーパーマーケットで100ドル札を出すと、お店の人はとても慎重に点検しますし、場合によってはすぐには受け取ってもらえないこともあります。これは、高額紙幣では、偽札を受け取ってしまうリスクが高くなるからです。

　これに対し、わが国では偽札が非常にまれです。その理由は、クロスボーダーの人の移動が少ないことに加え、偽造の予防と検出に大きな費用をかけていることにあります。

　前章でも触れましたように、印刷局で偽造防止のために技術の粋を尽くした日本銀行券の印刷を行ったうえで、商店、銀行、日本銀行の各段階で、紙幣に盛り込まれた偽造検出のポイントを綿密に点検しています。こうした偽札の点検作業については、日本銀行と銀行の間の銀行券の受渡しを厳密なルールのもとで行うこと等により、効率化が行われていますが、日本銀行だけをみても、前述の発券業務の費用の相当部分を占めており、大きな費用がかかっています。

　それでも、一定期間が経過すれば、銀行券に盛り込まれた偽造防止技術に、犯罪者の偽造技術が追い付いてきますので、そ

の段階で銀行券の仕様を切り替えることが必要となります。切替え時には、印刷局、日本銀行、銀行という直接の関係者のみならず、一般企業でも、自動販売機やレジの切替え等により、膨大な臨時負担が発生します。また、通常時においても、印刷局の機器や日本銀行の金庫をはじめとする銀行券のインフラとなる施設は、ピーク時の負荷にも対応できるよう、余裕をもって設置しておく必要があります。銀行券の切替え時には、これらの施設には通常時の倍近い負荷がかかるのです。

こうした費用を高いと考えるかどうかは、日常の買い物に際して、人々が銀行券の真偽を個々に点検するとした場合の費用との兼ね合いで考えるべきことです。しかし少なくとも、時折見受けられる「銀行券の発行は無コスト」という断定が非現実的であることは明白です。

また、銀行券の偽造は、銀行券の印刷に際して高度な技術を用いるだけでは根絶することができず、社会全体として、偽造を行うことが割に合わないような誘因の構造を設けることによって防止されていることに注意が必要です。たとえばドル紙幣では、日本銀行券に比し、偽造の割合がかなり高いのですが、その背景には、アメリカ国外でも広く流通していることから、偽造を抑制するような誘因の構造を確立させづらいことがあると考えられます。

支払指図の偽造の問題は、預金による決済にも、存在します。わが国では、かつてのバブル時代に、偽造された巨額の預金証書を銀行の経営者が受け取るというスキャンダルがあった

ことを記憶されている方もいらっしゃると思います。現在でも、外国でクレジットカードを使った場合には、伝票が偽造されることがあります。わが国では、そうした例は少なく、クレジットカード会社からの預金引落しはほぼ自動的に行われますが、たとえばアメリカでは、利用者が明細を確認したうえで小切手を切ることが一般的でした。クレジットカード会社の提供するサービスのうち最も重要なものの一つは、偽造された伝票がないかを点検し、顧客への明細送付に至る前に偽造等を是正しておくことなのです。そのために要する費用がどれほど大きいかについては、外国のクレジットカードを用いたときに実感されることと思います。

　偽造の問題は、インターネットを通じた取引においては、きわめて深刻なものとなります。これは、デジタル情報ではコピーされた情報と元の情報の区別ができないこと、インターネットでは情報通信の記録が集中的に管理されていないこと等によるものです。特にわが国のように、これまで、閉鎖的な取引環境のなかで消費者が安全神話に浸っていた社会にとっては、日常取引がクロスボーダーで活動する犯罪者の脅威にさらされるようになるということですから、大きなインパクトをもつことになります。

(2) なりすまし

　権限のない支払指図を勝手に出したり、他人が受け取るべき支払指図を横取りしたりするという「なりすまし」の脅威は、

主に預金による決済において発生します。銀行券による決済は、物理的に対面している環境で行われますので、問題がそれほど多発するようにはなりません。

　わが国におけるなりすましの被害の事例としては、1980年代におけるキャッシュカードの暗証番号の問題がありました。当時は、暗証番号の情報がカードの磁気ストライプに登録されており、預金者がATMに入力した暗証番号と突合するかどうかを、ATMに搭載されたソフトウェアで確認するというシステムが用いられていました。その結果、磁気ストライプから暗証番号を読み取る装置を使うことにより、勝手に預金を引き出す事例が多数発生しました。そこで、銀行では、カードには暗証番号を登録せず、預金者が銀行本体のセンターサーバーに格納された口座にアクセスしたうえで、入力された暗証番号をセンターで確認するという「ゼロ暗証」の仕組みに移行したのです。このためのシステム更改には、大きな費用を要したでしょうし、個々の引出しに際していちいちセンターサーバーにアクセスする仕組みとしたことに伴って、情報処理の費用が底上げされたものと考えられます。

　最近のわが国では、インターネットバンキングでのなりすましの脅威が大きくなっています。警視庁では、「アクセスの際に入力したID、パスワード等が第三者に取得され、それらを不正に利用し、他人名義の銀行口座へ不正送金を行う不正アクセス事案が多発している」という警告を発しています。これらは、利用者が使っているパソコンがウイルス等に感染したり、

利用者が偽装されたサイトに誘導されたりした結果生じたものです。もっとも、なりすましによる犯罪はインターネットに限られたものではありません。一般の取引でも、振り込め詐欺等のなりすましの例があります。

　なりすましの脅威への対処では、支払指図を出した人が権限ある本人であることを、銀行等がどのようにして確認するかが鍵となります。技術的には、これは「認証」と呼ばれています。決済に関しては、支払指図を出す権限のある本人を一義的に特定するなんらかの情報を決めておき、指図を受ける銀行等は、その特定のための情報を確認した場合にのみ指図を実行するという仕組みを設けるということです。その際、支払指図とともに認証のための情報を伝達する過程で、第三者がその情報を入手する可能性がありますので、本人と銀行以外には情報の意味がわからないようにしておく必要があります。このため、認証の手続においては、暗号技術が広く用いられています。特に、インターネットを通じた通信や、利用者によるカードの使用等、指図を受ける側からみて情報の伝達経路が事前に確定しない場合には、認証がとりわけ重要です。

(3) 侵 入 等

　以上のようにして外部者による不正行為を防止したとしても、銀行のコンピュータシステム自体が、誤った処理をしたり、機能しなくなったりするおそれもあります。

　そうした原因としては、まず、悪意ある外部者が侵入した

り、ウイルスを送り込んだりすることが考えられます。銀行では、これを防ぐために、外部との接続にはファイアウォールを設けるとともに、細心の注意を払って監視を続けています。サイバー攻撃の手口は多様化・高度化していますので、防御態勢も不断の拡充が必要です。なお、こうした脅威の変形として、極端に多くのアクセスを集中させることで、本来の通信機能を阻害するDOS（Denial of Service）攻撃の例もみられます。近年では、テロリスト等が業務を妨害する手段として用いることが多く、実務上は、正当なアクセスとの切分けが課題となっています。

　また、内部者による不正操作のおそれにも注意が必要です。銀行や緊密な委託先の職員であっても、預金による決済システムを不正に操作しようという経済的誘因はありますので、十分な統制体制が必要です。

　さらに、地震等の自然災害によりハードウェアが物理的に毀損することもありえます。特にわが国では、東日本大震災にみられるように、自然災害に伴うリスクは大きいのです。銀行では、こうした事態に備え、コンピュータシステム等のバックアップ体制を整備するとともに、交通が途絶しても出勤できる場所に要員を常時待機させる等、綿密な業務継続計画を作成し、実行しています。

(4)　コンピュータの障害

　銀行のコンピュータシステムでは、以上のような脅威を防ぐ

ため、預金口座の残高情報が搭載されたメモリーに対するアクセスをきわめて厳格に管理したうえで、残高情報の更新をきわめて慎重な手順で行っています。

　まず、銀行のコンピュータへの顧客のアクセスについては、ATMの操作に際してICカードや指紋等による認証が行われる等、技術進歩を取り入れた工夫が重ねられています。特に、インターネットバンキングについては、アクセスに１回限りのパスワードを用いたり、送金を事前に指定された口座間のみに限定したりする等、厳しい管理が行われています。また、顧客からの支払指図に基づいて銀行間で情報をやりとりする際には、情報処理の真正性と銀行間の整合性を確保するため、きわめて慎重なプロトコルに従って通信が行われています。わが国では、こうしたこともあって、従来、銀行間の決済に関する情報通信では、ごく限定された情報のみを伝達することとされてきました。

　一方、コンピュータシステムにおける情報処理自体にも、きわめて慎重な手順が設定されています。わが国の銀行では、支払指図を受け取る段階から、アクセスの真正性を確認したうえで、対象となる預金口座をロックし、逐次、個々の指図を確実に実行することとしています。なお、インターネットバンキングについては、銀行サイドでは、専用のシステムを設け、預金口座情報の登録された本体コンピュータから隔離する等の工夫を行っています。

　こうしたことは、コンピュータに大きな負荷をかけることに

なりますので、情報処理の円滑性に向けて、十分な配慮が必要となります。特に、特定の口座へのアクセスが集中した場合には、システム全体の重大な障害の原因になりかねないので、きわめて慎重な対応が求められます。そこで、銀行のコンピュータシステムの開発・運用にあたっては、取引集中時の円滑な処理を確保するため、処理対象情報を支払指図の実行に不可欠なものに厳しく限定するとともに、金利計算や公共料金引落し等、リアルタイムでなくてもかまわない処理を夜間にバッチ処理すること等により、コンピュータの負荷を平準化する工夫が凝らされています。

　このようにコンピュータシステムの円滑な運行に工夫を凝らしたとしても、処理能力を超えた指図の集中や、ハードウェアの障害等が生じた場合には、決済サービスの提供に支障が生じるおそれがあります。近年のわが国においても、大きなトラブルの例がみられ、その銀行に対する信頼が著しく毀損しました。銀行にとっては、コンピュータシステムに関するオペレーショナルリスクの管理は、常に重大な課題となっています。

2 情報セキュリティに関する社会的枠組み

(1) 情報セキュリティと決済システム

　預金による決済システムでは、支払指図の通信を通じて多数の銀行が連結されていますので、これまで述べてきたような脅威によって個別の銀行に問題が生じた場合には、決済システム全体に影響が及ぶおそれがあります。したがって、決済システム全体として情報セキュリティを確保するためには、銀行間の情報通信についてきわめて厳格な管理が行われるのみならず、個別銀行内の情報処理についても、共通のミニマムスタンダードが遵守されている必要があります。

　わが国では、決済システムのインフラストラクチュアについては、日銀ネットを運用する日本銀行や全銀システムを運用する全国銀行協会によって、厳格な情報処理方法が定められるとともに、その運行状況について、常に綿密な監視が行われています。また、個別の銀行における情報セキュリティに関しては、金融情報システムセンターにおいて、銀行共通の安全対策基準等が取りまとめられています。これは関係者の自主的基準ですが、金融庁や日本銀行がこの基準に沿った運用がなされているかを点検していくことによって、個別の銀行における遵守を確保していくという枠組みが設けられています。

この点に関連して、現に不正な処理が生じた場合にだれが損害を負担するかというルールが論点となってきました。銀行からすれば、決済サービスの提供は一種の公共財の提供と考えられますので、大きな危険負担を負いたくないという考え方もありうるところです。わが国では、かつては、預金の不正払戻しに係る多くの事例において、銀行取引約款の免責条項に基づき、銀行に過失がなければ預金の払戻しが効力を有するとして、損害を預金者の負担としようとすることが多かったようです。

　しかし、2003年頃からキャッシュカードの偽造等の不正使用が多発したことを背景に、2005年には「偽造カード等および盗難カード等を用いて行われる不正な機械式預貯金払戻し等からの預貯金者の保護等に関する法律」が制定され、銀行は、無過失の場合でも、個人預金者に責任がない限り、補償に応ずるものとされました。さらに、2008年に定められた全国銀行協会の申合せでは、法律では規定されていなかった盗難通帳やインターネットバンキングによる預金の不正払戻しについて、積極的に補償に応じることとしました。

　この点について、私なりに考え方の整理をしますと、「最小費用損害回避者のルール」に沿ったものと評価できます。

　一般に法と経済学では、なんらかの活動に伴って損害が生ずるおそれがある場合、その活動によって供給される財・サービスの取引が経済合理性に沿って行われる限り、損害をどちらの当事者の負担と定めても、当事者間の交渉によってその負担を

反映した価格設定が行われますので、最終的な帰着は同じ結果となるはずだとされています。この考え方は、「コースの定理」と呼ばれています。たとえば、一定の確率で故障するような機械を取引する場合、修繕費用を売主負担とすれば、見込まれる費用を価格に上乗せするでしょうし、買主負担とすれば、そうした上乗せは行われないはずです。特に、そうした故障に伴う費用について保険がかけられるような場合は、保険料をどちらが負担するかというだけのことになります。

　法と経済学では、これを前提として、ルールの設計上は、損害発生を最小の費用で防止しうる者が負担することとすれば、損害の発生自体を小さくする誘因が有効に働くので、社会全体としての効用が高まる効果があると論じられています。保険がかけられる場合には、保険会社が契約者に事故発生の防止を働きかけます。

　もちろん、現実には、交渉には費用がかかるので、このようなきれいな結論とはなりませんが、経済社会の効用を高める方向での考え方の整理としては、最小費用損害回避者のルールには実用性があると考えられます。先ほどの機械の故障の例でいえば、売主負担としておけば、仮に保険がかかる場合でも、保険料を低くするために、故障しにくい製品の開発に努めるはずです。これに対し、買主負担とすると、そうした製品の品質改良を行う可能性がありません。

　これに沿って預金による決済における損害負担ルールを考えますと、まず、一般の預金者に比べ、銀行は情報セキュリティ

を高めるための手段を多くもっていますので、事故時の損害を原則として銀行負担とすることには、社会全体としての合理性があると考えられます。

また、サービスを提供する事業者としての銀行の立場からみても、あながちデメリットばかりとは限りません。たとえばアメリカでクレジットカードのサービスが導入された時期に、不正使用による利用者の損害を一定額に限定するルールが設けられた例が参考となります。このケースでは、ルールによって利用者の安心感が高まり、クレジットカードの普及に寄与したとされています。

ただし、預金者やカード利用者も、暗証番号を注意深く秘匿したり、カード紛失時等にすみやかに通知したりすることにより情報セキュリティの確保に寄与すれば、社会全体としての効用が高まることにつながります。したがって、預金者等についても、事故発生に際しての一定限度額での負担や、明確な落ち度がある場合の損害負担を求めることにより、事故防止に向けた誘因を維持しておくことが必要だと考えられます。

(2) 情報セキュリティと銀行経営

情報セキュリティに関する基準は、預金による決済システムという公共財に必然的に伴うものであり、個別の銀行としても、これに従うことは、決済サービスを提供するための必要条件です。

しかし、銀行の経営からすると、情報通信技術が飛躍的に進

歩しているなかでも、ハードウェアの購入やソフトウェアの開発には多額の費用がかかり、大きな負担となっています。たとえば、容量不足による障害が絶対に生じないように、サービス提供に必要な範囲を超えて、能力に余裕のあるハードウェアを設置しておくことは、経営上なかなかむずかしいことが実情でしょう。そうしたなかでは、処理する情報も、決済サービスの提供に不可欠なものに限ることが経済合理的です。

　これを前提としますと、情報セキュリティを確保するためのさまざまな仕組みは、同時に、預金による決済システムを利用するうえでの利便性に制約をもたらす要因にもなってきます。つまり、処理対象情報を限定することは、支払指図に付記できる情報の量を制約していますし、バッチ処理の時間を確保するためには、利用者によるアクセスの時間帯を限定することが必要です。現在では、決済サービスの市場はきわめて競争的ですので、こうした制約は、銀行以外の事業者による決済サービスへの需要のシフトにつながっていると考えられます。

　また、銀行のコンピュータシステムは、情報セキュリティの確保と決済サービスにおける利便性提供のトレードオフのもとで、限られた財源により運用されています。預金による決済システムにおける情報セキュリティの基準は、一種の公共財ですが、決済サービスの提供をめぐっては、他の事業者との競争がありますので、費用をまかなえるような手数料等を設定できるとは限りません。

　さらに、銀行の経営において、決済サービスが収益源として

考えられているかという論点もあります。後ほど説明するように、銀行の基幹業務は、決済サービスと金融サービスの結合生産ですが、前者については義務的なものにとどめ、後者における利鞘によって収益を確保するという考え方もとりうるからです。わが国では、こうした傾向がとりわけ強いように見受けられます。決済手数料で収益を稼ぐという考え方は、わが国の銀行では薄く、サービス提供に要する費用に比して過度に高い水準としているわけではないと考えられます。それでも、利用者では、クロスボーダーの決済等を中心に、高額の手数料がかかる銀行の決済サービスを回避する動きがしばしばみられます。

　銀行の決済サービスの競争力に関しては、銀行間決済のようにきわめて高額のものと顧客との間の比較的少額の決済の双方について、同じリスク管理手法が等しく適用されていることが問題点としてあげられます。その結果、銀行の経営においては、顧客に対する決済サービスに過大な負担が生じている可能性があるのではないかと考えられます。この点については、わが国銀行による決済システムの課題として、後ほど、詳しく説明します。

3 情報通信技術と決済サービス

(1) 情報処理の単価

　前章では、取引に要する情報処理費用という観点から、通貨、市場、法律の機能を説明し、そのうえで決済システムの役割を述べてきました。これらは、いずれも情報処理費用の節約に寄与するものでした。

　しかし、情報処理費用を節約するためには、情報処理の件数を引き下げることと、1件当りの情報処理の単価を引き下げることの二つの方法があります。通貨や市場の役割は前者ですが、情報通信技術の進歩を個別の取引や決済に活用していくことは後者に当たります。

　近年では、情報通信技術の進歩に伴って、契約から決済までのプロセスが電子媒体のみにより行われる取引の比重が高まり続けています。たとえば、物理的なものを伴わないサービスや情報商品については、契約や引渡しが電子媒体の伝達だけで行われます。また、金融商品の取引では、有価証券がすべて電子化され、その引渡しはコンピュータシステムに格納された口座間での情報の書換えによって行われます。このように、技術進歩に伴って、電子商取引の拡大等、取引の形態が大きく変化してきています。

こうした観点から、銀行券による決済と預金による決済との対比を振り返りますと、銀行券という物理的な媒体の受渡しを行うよりも、電子媒体の通信に基づいて預金残高の情報書換えを行うほうが効率的です。情報処理の媒体の運送や保管に係る費用や時間の面では、紙媒体よりも電子媒体のほうが便利です。特に高額の決済においては、銀行券を用いると物理的にも大量の媒体が必要になるのに対し、預金を用いる場合には支払指図に書き込む情報を変更するだけです。現在のわが国では、こうしたこともあって、資金決済のほとんどが預金を用いるものとなっています。

　こうした流れは、技術進歩に伴って、いっそう進んでいます。現在のわが国では、企業による銀行の決済サービスの利用は、多くが情報通信により行われています。また、かつては銀行券による決済が行われていた消費者と商店の取引においても、クレジットカードやプリペイドカード等が多く用いられるようになってきました。このように、決済サービスをめぐる競争が進んでいるなかで、銀行としても、決済サービスを提供するにあたって、情報通信技術の進歩をいっそう活用していくことが求められています。

　このように、情報通信技術の進歩は、取引や決済の形態を変化させ、情報処理の単価を引き下げることを可能にしています。

(2) 情報通信技術の進歩と決済システム

そこで、情報通信技術がどんどん進歩しているなかでは、法律による強制の枠組みは変わらずに重要だとしても、通貨や市場による情報処理の件数の節約効果は、それほど大事でなくなっているのではないかという疑問が生じます。

たとえば、通貨や市場の運営単位である政府や中央銀行の役割は相対的に重要でなくなり、クロスボーダーの取引やグローバルな決済サービスを行う企業の役割が拡大していくのではないでしょうか？

また、決済は、取引を完了させるための手段ですから、それがより小さな費用で行われるようになれば、取引1件当りの情報処理費用が引き下げられるようになります。そうだとすれば、情報通信技術の進歩に伴って、既存の決済システムによる情報処理回数の節約効果は相対的に重要でなくなり、たとえば相殺のような預金を用いない交換の仕組みの役割が拡大していくのではないでしょうか？

私は、その答えはイエスでもあり、ノーでもあると考えています。つまり、従来と同じような取引を行うだけのためであれば、通貨や市場による情報処理件数の節約効果の値打ちは下がっていきます。こうした場合には、既存の決済システムの利用は割高だとみられるようになるでしょう。既存の銀行の役割は低下していきます。

しかし、情報通信技術の進歩に応じて、通貨や市場が新たな

技術に対応したものに改革されるとともに、銀行が技術進歩を前向きに取り入れていけば、決済システムの機能が進歩していきます。そうなれば、１件当りの決済に要する費用が小さくなっていくことにより、より精密な分業に対応した取引を行うことが可能となります。こうしたより多くのきめ細かな取引が迅速に行われれば、同じ能力の人々が同じように働いても、社会全体としては、より多くの効用が得られるようになります。

　こうしてみれば、既存の銀行が、経済社会の取引の形態と歩調をそろえて技術進歩を活用していくのであれば、情報処理費用の節約という効果を発揮し続け、引き続き人々の生活に貢献していくことができると考えられます。

第3章 預金による決済システム

1 ネットワークと決済システム

(1) ネットワークの経済的性質

　これまでは、通貨、市場、決済システム等について、現在の枠組みを念頭に置いて、取引に要する情報処理費用の節約という観点から説明してきました。それでは、現在のような枠組みは、どのように形成されてきたのでしょうか？

　この問題を考えるうえでは、まず、ネットワークの経済的性質に注意することが必要です。預金による決済システムは、中央銀行や市中銀行が、情報処理手順や情報セキュリティの基準を共有することにより、継続的な運行が可能となっているネットワークです。預金者は、このネットワークを利用することにより、円滑で効率的な決済を行うことができるのです。

　一般に、利用者からみたネットワークの効用は、その提供するサービスの品質や価格とともに、そのネットワークを利用する者のリストによって決まってくるといわれています。個々の利用者からみれば、他の利用者の数が多ければ多いほど便利ですし、他の利用者の質が高ければ高いほど利用価値があります。利用者リストのこの二つの性質は、時に相矛盾します。あるネットワークの消長は、その利用目的に適した組合せとなっているかに影響されることになります。こうした利用者からみ

たネットワークの経済的性質は、「ネットワークの外部経済効果」と呼ばれています。たとえば、現在のわが国では、ソーシャルネットワーク等の利用状況に、その顕著な表れをみることができます。

一方、供給者からみたネットワークの経済的性質は、ネットワークを構成する事業者のリストによって決まってきます。ネットワークのサービスがより多くの拠点で提供されればされるほど、利用者にアクセスしてもらいやすくなりますし、構成する事業者の質が高ければ高いほど利用者には信頼してもらいやすくなります。ネットワークの構成者リストのこの二つの性質も、時に相矛盾しますが、利用者リストの場合に比べると、より大規模な事業者による緊密なネットワークが有利となる度合いが大きくなります。これは、まず、大規模な事業者は、多くの拠点をもつと同時に、サービスの品質を高めるための投資余力をもつことが多いからです。また、ネットワークでのサービス供給に用いられるソフトウェアについては、その開発に要する固定費用がかなり高い一方、供給量を増大させることに要する変動費用はきわめて低いので、供給の規模が大きくなればなるほど1単位当りの費用が小さくなるという「費用逓減の法則」が働くからでもあります。

(2) 預金による決済システムのネットワーク

次に預金による決済システムに即して、ネットワークの経済的性質を考えてみましょう。まず、利用者のサイドからみる

と、本書の冒頭で説明したような分業の利益を実現するためには、その決済手段が広範囲に利用可能であればあるほど有効ですので、利用者の数が多いことに大きな意味があります。これに対し、他の利用者の質は、各々が銀行に指図を行うだけですので、それほど重要な要素ではありません。一方、サービス供給者のサイドからみると、より大きなネットワークを形成することが有利であることには変わりがありませんが、決済システムの場合は、ネットワーク内での構成者の結びつきが強いことが特徴です。その的確な運行のためには、前述のように情報セキュリティ基準を共有していることが不可欠なので、他の構成者の質がきわめて重要となります。

　以上から、預金による決済システムは、一定の質を備えた事業者が相互に緊密に結びつくネットワークとなります。そのうえで、より多くの利用者をカバーするネットワークに外部経済効果や費用逓減の法則が作用します。その結果、当初は小規模のネットワークが並立するような場合であっても、より大きなネットワークが競争上有利であるために、次第に単一の大規模なネットワークへと「自己組織化」が進んでいくメカニズムが働きます。

　それでは、こうしたメカニズムは、どこまで進むのでしょうか？　これまでは、ネットワークの大規模化には、いくつもの制約がありました。まず、決済の対象となる取引の行われる地理的範囲が限界となります。決済は取引を完了させる手段ですから、完了させる対象がないところで決済サービスを供給しよ

うとしても、利用してもらえないのです。歴史をみても、中世の十字軍遠征が外国為替サービス発達の契機となったり、わが国の江戸時代に江戸と大坂の間で為替制度が発展したりしたように、決済システムと取引活動は表裏一体で発達してきました。逆に、活発な取引が行われないところでは、決済システムはあまり発達しませんでした。

　また、情報通信技術等の限界が決済サービス供給の限界となることもあります。かつて、決済にかかわる情報通信が文書等で行われていた時代では、隔地間の決済には相当の日数が必要でした。そのために、銀行と顧客の間では、クレジットカードのように金融サービスをあわせ提供したり、トラベラーズチェックのように保険サービスを付加したりするような工夫が行われました。それでも、近年まで、貿易決済に関する文書等の郵送のほうが、貿易の対象物を積んだ輸送船の到着よりも遅いようなことがあったようです。こうした場合には、情報通信技術が取引に応じた決済サービスを制約していたのです。現在でも、グローバルな取引の決済では、時差に対応するため、ネットワークの稼働時間の延長が必要となっているのですが、従来ネットワークの稼働時間外に行っていたバッチ処理を、顧客がネットワークを通じて行う支払指図のリアルタイム処理と並行して行うことができるか等という情報通信技術面の課題にぶつかっています。このように、グローバルなネットワークの形成には、情報通信技術等の限界が制約要因になることがあります。

さらに、ネットワークを構成する銀行の主要な収益源が金融サービスであるために、銀行が融資先企業を審査するための情報収集能力に地理的な限界があることが影響するという制約や、政府等との関係から国内決済とクロスボーダー決済では異なる対応が必要となったりするという制約もあります。こうした点については、次の章で詳しく説明することとします。

(3) スタンダードの共有

　このようにして自己組織化された預金による決済のネットワークを構成する事業者が銀行です。銀行は、相互に緊密に結びつくことによって、ネットワークの外部経済性を発揮し、利便性の高い決済サービスを提供しています。預金による決済システムは、取引当事者が異なる銀行に口座を有している場合にも、銀行間の通信を通じて決済を行えるところに大きな意味があるのです。

　こうしたなかで、銀行間の通信に用いられるチャネルに事故が生じれば、銀行の構成するネットワーク全体に直ちに影響します。したがって、こうした通信チャネルには何よりも厳格な情報セキュリティ確保が求められます。

　しかし、そのことは同時に、情報処理の単価が高くなることにもつながります。こうした場合に、全体としての費用を節約する方法は、第1章で通貨による交渉の費用の節約について述べたことと同様、ネットワークの構成をハブ＆スポーク型とすることです。具体的には、中央銀行がハブとなり、それ以外の

銀行とスポークで連結するのです。そのうえで、ハブである中央銀行は、ネットワーク全体のインフラストラクチュアとして、情報セキュリティ確保のための費用を集中的に投入します。これによって、すべての銀行が相互に連結するメッシュ型のネットワークとすることよりも、情報処理に要する費用を削減することができます。

　また、預金による決済システムが機能するためには、ネットワークを構成する銀行の各々が情報セキュリティのミニマムスタンダードを共有することが不可欠です。このため、個別の銀行としては、他の構成者のなかにフリーライダーが生じていないかが懸念の対象となります。とりわけ、銀行の収益は、決済サービスと統合生産される金融サービスによるところが大きく、金融サービスの中心である融資等の損益とリスクは外部から明らかではありません。決済サービスにかかわる体制整備を怠る一方で不健全な融資を行う銀行が存在した場合には、決済システムに対する利用者の信頼が失われること等により、ネットワークを構成する他の多くの銀行に大きな悪影響が及びます。したがって、ネットワークを構成する銀行は、相互に厳しく監視することになります。しかし、個別の銀行は、他の銀行の経営には介入できないため、ミニマムスタンダードの確保に向けた効果にはおのずと限界があります。この点、前述したハブ＆スポーク型のネットワークで、ハブの位置にある中央銀行が他の銀行に対する監視を行うこととすれば、監視に要する費用を節約することができます。また、中央銀行であれば、後ほ

ど説明する金融調節の実施プロセス等を通じ、個別銀行の情報セキュリティや取引スタンス等に影響を与えることができます。この結果、利用者からみても、ハブがこうした機能をもつネットワークのほうが、そうでないものよりも信頼できるとみられるようになります。

　このように、中央銀行をハブとする銀行システムは、ネットワークの経済的性質のもとで、預金による決済システムが選別されていくプロセスのなかから、おのずと形成される枠組みだと考えられます。

2 政府の寄与

(1) 決済のためのルール

以上では、預金による決済サービスを提供する銀行のシステムは、経済合理性のもとで、自己組織化によりおのずと形成されるものと論じてきました。しかし、決済システムの形成には、これまで、政府も一定の役割を果たしてきました。

現在の経済社会では、銀行は政府ときわめて密接な関係にあります。以下では、このうち、決済システムの形成に向けた政府の寄与について述べることとし、銀行の構成する決済システムが経済社会のインフラストラクチュアになっていることを前提とした政府の関与については、次章以降で説明することとします。

決済システムの形成に向けた政府の寄与は、第一に、決済の媒体である銀行券と預金の機能を整備することです。この点について、かつてのわが国を振り返ってみますと、政府は、銀行券に対し、法定通貨としての強制通用力を与えました。ただし、その意味は、銀行券による支払を売り手が拒絶できないとしたにとどまり、買い手が銀行券による支払を義務づけられるものではないことは前述したとおりです。一方で、政府は、預金を受け入れて貸出等を行う企業に対しては、銀行という商号

を用いることを義務づけるとともに、検査監督の対象としました。

そのうえで、銀行券の発行を市中銀行一般に認めるか、中央銀行に限定するかが論点となります。わが国では、この点について試行錯誤が行われたのですが、結果として後者に落ち着きました。明治の初期には、各地の銀行が各々銀行券を発行できるという国立銀行制度が導入されましたが、銀行券の濫発につながってしまいました。そこで、当時の政府は、銀行券の発行を行える唯一の機関として日本銀行を設立する一方で、乱立していた銀行に最低資本金規制を課す等により整理を行いました。

決済システムの形成に向けた政府の第二の寄与としては、取引ルールの整備をあげることができます。たとえば、手形・小切手法は、決済と金融の組合せについて、手形債権等を債権発生の原因となった取引の効力から切り離すとともに、裏書制度によって信用力を強化する等により、取引の実効性を担保する制度を設けたものです。これは、わが国では明治期に外国から輸入した制度ですが、その原型は、十字軍への送金に関連して、事実上確立していました。その後、フランス等の政府が、手形という文書による金融取引の形態を、勅令で権威づけたのです。また、わが国政府による取引ルールの整備に関する最近の例としては、不正払戻し等に関する銀行と利用者の損害分担ルールがあります。このルールが、安全性確保の誘因を与えるとともに、決済サービスの利用を促進する効果をもつことは前述

のとおりです。こうした分野では、当事者間で形成されるルールと政府の定める法律とが相補う関係にあるとみられます。

(2) 取引当事者としての政府

一方、政府は、自らの行う金融活動を通じて、銀行システムに影響を及ぼします。とりわけ年金支払等の歳出や納税等の歳入は、金額が大きいうえに時期的な変動が激しく、経済社会の資金需給全体に大きな影響を与えています。銀行からみますと、どの銀行がこうした業務を行うかは重要な関心事です。わが国の日本銀行は、前述したような制度設計の結果として設立された機関ですが、外国の歴史をみますと、こうした政府の歳出入に関する業務を行う銀行が、結果として中央銀行になったという例がみられます。

政府のために中央銀行が行う業務の範囲は、国により異なっています。現在のわが国では、日本銀行が「政府の銀行」として、政府の歳出入の受払いのみならず、その会計区分の経理等の国庫業務も併せ行っています。また、国債の発行やその保管振替の業務も、わが国では、日本銀行が実施しています。日本銀行においては、銀行間決済を処理するシステムとともに、こうした国庫や国債に関する業務処理を行うシステムが稼働しており、二つのシステムの間では、日本銀行からの信用供与とそれに伴う担保としての国債の受渡し等の連動処理が行われています。ただし、歳入や記名国債に関する業務等では、一般国民からの紙の帳票を受け入れねばならないので、その入力や保管

等に多大な人手が必要になっています。

　また、政府は、国際取引の決済のための外貨管理を行っています。かつてのわが国では、経常収支が赤字基調でしたので、輸入への支払の準備を確保するため、政府が外貨を統一的に管理する必要がありました。現在では、輸入代金の外貨繰りに困難がなくなっているのですが、外国為替相場の乱高下に対する介入が必要となることもありうる等の理由から、政府はなお多額の外貨準備を保有しています。

　こうした外貨に関する業務を、政府の勘定で行うか、中央銀行の勘定で行うかは国により異なっています。わが国では、外貨管理の経理は政府の外国為替資金特別会計で行いますが、外貨資産の取引の実務等は日本銀行が行うこととされています。

　こうした政府と中央銀行の役割分担に応じて、外国為替相場の変動による損益の帰着も国により異なってきます。わが国では、財政上の会計基準に沿って外国為替管理特別会計で計上されますので、相場変動の評価損益は大きな意味をもちません。しかし、中央銀行が自らの勘定で外貨管理を行い、総資産に占める外貨の比重が大きい場合には、相場変動は大きな影響をもちます。たとえば近年のスイス国民銀行のように、自国通貨高に伴って大幅な赤字に陥ることもあります。

3 決済手段の価値の表示

(1) 銀行券

　決済の実効性を確保するための必要条件としては、これまで説明した支払指図等の情報の的確な伝達とともに、対価として支払われる決済手段の価値の安定があります。

　決済手段の価値の安定については、その前提として、決済の時点において、取引当事者が決済手段の価値の表示を信頼していることが不可欠です。冒頭に述べましたように、決済は取引を完了するための手段ですから、その手段として受け取る通貨が額面どおりの価値をもたないおそれがあっては、当事者は安心して次の取引に取り組めず、経済的に無意味になってしまいます。

　この点に関し、まず銀行券を考えてみますと、その価値は券面に表示されていますし、その信用は発行者である中央銀行の資産によって確保されています。一般的に、中央銀行は倒産しないものと考えられていますが、これは、倒産の概念自体が適用されない政府と異なり、自らの財務の健全性確保に万全を期していることによって担保されているものです。そこで、中央銀行の資産内容をみますと、主要な資産は、市中銀行に対する貸出と国債等です。このうち、市中銀行への貸出は、その銀行

の保有する資産により裏打ちされているほか、担保として国債等が差し入れられています。市中銀行の主要な資産は、企業等に対する貸出や有価証券、国債、外貨等です。また、国債は政府が将来の税収等を見合いに発行しています。

　これらを併せ考えますと、銀行券に表示された価値が信頼に値するかどうかは、市中銀行が企業等の返済能力を的確に把握して財務に反映させているかという点と、政府が将来の税収等で返済しうる範囲内で国債を発行しているかという点にかかってくることになります。

　中央銀行としては、自らに対する支払指図である銀行券に表示した価値への信認を確保することは最優先課題ですから、市中銀行に対しては、立入調査も含めて財務管理の状況をモニターしたり、主要な企業等については自ら信用判定を行ったりすることにより、財務処理の適正性を確認しています。

　一方、政府に対しては、将来どのような財政運営を行うかは政治的決定そのものですので、中央銀行が事前に審査することはできません。そこで、政府との取引においては、極力、信用供与の残高を大きくしないこととしています。また、金融市場におけるオペレーションとして国債の買入れ等を行う場合であっても、可能な限り短期のものを対象とするとともに、残高を一定限度以下にとどめ、不確実性を減殺することが一般的な中央銀行の対応です。

　わが国の日本銀行では、以上に対応し、現時点では停止されていますが、日本銀行券の発行残高の範囲内で長期国債を購入

するという「銀行券ルール」を定めています。

(2) 預　　金

　決済手段としての預金について、価値の表示への信認を考えてみますと、銀行の資産評価が適正に行われているかどうかにかかってくることになります。金融市場で価格が決まっている有価証券については、客観的な評価の拠り所がありますが、企業等に対する貸出については、その企業等の将来の業況と担保とした資産の価値の評価によるものですから、主観的判断の要素が大きく、預金者等からの信頼を確保することは容易ではありません。適正な情報開示を行うことは銀行経営者の責任なのですが、その内容について信頼性の担保が不可欠なのです。

　かつてのわが国では、銀行の情報開示に対する規律が確立されないままで、バブル経済の崩壊に伴って、不良債権の額が膨張しました。その結果、銀行の資産査定やその結果の開示に対する疑心暗鬼が生じ、1990年代末には、全面的な金融危機につながってしまったのです。

　これを放置すると、決済システムまで機能不全となりかねませんので、当時の政府は、きわめて強い介入を行いました。具体的には、銀行が資産内容を自ら査定し、その内容を監査法人が監査し、さらにそれを政府が検査するという枠組みを導入しました。そのうえで、従来の大蔵省から、金融監督庁を分離し、きわめて保守的な基準に基づく検査を実施させ、銀行の資産査定やその結果の開示への疑念を払拭しました。またその際

には、莫大な財政資金の投入や政府保証の提供を行いました。検査に基づく資産査定の結果債務超過となった銀行に関しては、企業としては破綻処理するものの、預金については公的資金を投入して全額払戻しを確保し、それまで表示されていた預金残高への信頼に応えました。政府がこうした処理に要した公的資金の額は、預金保険を通じた金銭贈与だけでも、約19兆円にのぼりました。

4 預金の価値

(1) 預金の価値の均一性

　預金を金融商品としてみた場合には、発行銀行の業況いかんにかかわらず、等価として扱われるところに特色があります。企業の発行する債券等では、額面や約定利率等は固定されているものの、金融市場では、業況等に応じて価格が変動します。これに対し、預金は銀行という企業の発行する負債ですが、預金による決済を行う場合、信用力の異なる銀行間でも、同一通貨の預金であれば同一価値として扱われ、プレミアムやディスカウントは生じません。

　このように預金の価値が銀行間で均一であることについては、取引が効率的に行われるための必要条件だと考えることができます。つまり、仮に銀行によって預金の価値が異なっていれば、取引を行おうとする人にとっては、相手の取引先銀行がどのような業況にあるかがわからなければ自分にとっての価値がわからなくなります。これでは、第1章で述べたような交渉の費用の節約ができないので、そもそも取引に預金の受払いを介在させる意味がなくなります。

　また、預金の価値の均一性は、決済が効率的に行われるための必要条件でもあります。つまり、銀行をまたがる決済を行お

うとする場合、仕向け銀行の預金口座から減額されたものと同額を、被仕向け銀行の預金口座で増額するわけですが、前者と後者の間に交換比率が存在するとなると、どの仕向け銀行でいつ減額されたかにより、被仕向け銀行の増額できる額が変わってくることになります。これでは、1件ごとの送金に際して処理すべき情報量がはるかに大きくなります。また、後ほど説明するように、銀行間等の決済の大半は、一定期間の支払指図を取りまとめて、差額を決済するのですが、預金の価値にばらつきがあると、決済処理の前に、価値の違いを反映させるための清算作業を行わねばならなくなります。

　以上のように考えますと、預金の価値が銀行間で均一であることは、預金が通貨として効率的に機能することの裏返しであることがわかります。

　しかし、銀行が民間企業であることを考えると、その負債である預金が当然に均一の価値を認められるということにはなりません。現に、かつてのアメリカでは、異なる地域の銀行の預金の間で為替相場が形成されていた例があるようです。また、現在でも、預金の価値が均一なのは、当然のことながら、同一通貨建ての預金の間に限られます。

　それでは、各銀行の預金は、どのようにして均一の価値を保っているのでしょうか？　それは、預金は基本的に要求払いの債務だからです。定期預金であっても、所要のペナルティを払えば、直ちに払い出すことができます。そして、要求払いの債務について、仮に銀行間で価値に差異があるとすれば、より

価値の低い預金を払い出して銀行券にし、より価値の高い預金に預け入れれば、価値の差分に応じた利益を得ることができます。これはリスクのない収益機会ですから、銀行券の運送等に要する費用をまかなえる限り、いくらでも実行されます。その場合には、より価値の低い預金を発行している銀行が取付けにあうことになり、そうした銀行を含むネットワークでは、預金による決済システムが機能しなくなります。

　一方、預金を要求払いでなくすると、そうした預金の残高を増額してもらっても、利用者は取引の決済に使えません。したがって、そうした銀行を含むネットワークでは、やはり預金による決済システムが機能しなくなります。

　そこで、そのネットワークに参加している銀行は、低い価値でしか預金が評価されないような銀行を締め出そうとすることになります。その逆に、締め出されそうな銀行は、そうなると決済サービスを提供できず、破綻してしまいますから、締め出されないように、経営の健全化に努めることになります。かつてのアメリカでは、このメカニズムにより、中央銀行や監督当局がなくとも銀行システムが有効に機能していた例があると指摘されています。

　このように、預金の価値が均一であるということは、銀行が預金による決済のネットワークを構成しているということと、相互循環の関係にあります。預金が通貨として用いられるようになったのは、このような相互循環が強まった結果です。

(2) 預金の価値の変動

　決済手段の価値は、時間がたつにつれて変動することがあります。決済を行うプロセスの間に価値が変動すると、それまで預金の価値の均一性を前提として迅速・円滑に運行してきた決済システムに大きな影響を与えます。

　そうした価値変動の例としては、まず、個別の銀行の業況が著しく悪化した場合があります。債務の弁済の困難が生じた場合、一般の企業では、裁判所に倒産手続を申し立て、当面の取立停止や、債務超過幅に応じた債権カットを命令してもらいます。しかし、銀行の場合、預金の払戻しによる決済サービスが業務の根幹ですので、同様の倒産手続を行うことができません。銀行の預金については、これまで述べたように、要求払いであることによって、均一の価値を認められているのですが、払戻しができなくなると、事態は大きく変わってしまいます。

　そこで、預金者への払戻しは維持しながら、預金による決済のネットワークから切り離すための枠組みが必要になります。これは、預金をカットする場合には、きわめて実行がむずかしい作業となります。

　これまで、わが国の銀行の経営破綻では、ほとんどの場合、債務超過部分をすべて預金保険で肩代わりすることで、預金の価値を切り下げずに処理してきました。先ほどの19兆円は、このためにかかった費用です。預金の価値の切下げが行われた唯一の例が日本振興銀行ですが、これは、預金による決済のネッ

トワークに参加していませんでした。

　一方、こうした例外時でなくとも、異なる通貨建ての預金の間では、平常時から外国為替相場が変動しています。この場合には、銀行間の決済を行う前に、その時々の外国為替相場を反映した清算作業が必要となります。これは、後述の証券決済システムと同様の枠組みです。外貨では、多くの場合クロスボーダーという要因も加わるため、決済システムの運行上、とりわけ時間がかかったり、手数料が高くなったりすることにつながっています。

　また、預金の価値の変動は、こうした決済システムの運行といった銀行業務だけでなく、既存取引の決済や決済の対象となる取引を行うタイミングをどうするか等を通じて、人々の経済活動自体にも影響します。前者の例としては、かつて、外国為替相場の変動の予測に応じて、決済のタイミングが調整される「リーズ・アンド・ラグズ（Leads and Lags）」が話題となりました。また後者の例としては、敗戦直後のわが国のように、急激なインフレーションが生じたために、取引自体が行われなくなることがあります。

　さらに、あまりに預金の価値の変動が大きい場合には、国内の取引でもより価値の安定した外貨が決済に用いられるようになります。これは、ダラライゼーションと呼ばれ、決済システムに関する規律が確立していない国でみられた現象です。こうした国では、決済システムを通じて実現された分業の利益が、外国の銀行システムの収益となってしまう等の損失が生じるこ

とになりますし、自らの国の経済状況に応じた金融政策の運営を期待することもできなくなります。

第 4 章 銀行システムの機能

1　市中銀行の機能

(1) 決済サービスと金融サービスの結合生産

これまで説明しましたように、預金による決済システムは、銀行によって構成されるネットワークです。銀行は民間企業ですから、一般の企業と同様、収益をあげなければなりません。それでは、銀行はどのようにして収益を得ているのでしょうか？

その答えを先に述べれば、決済サービスと金融サービスの結合生産を行って、顧客にサービスを提供し、対価を得ているということになります。

この点について、まず、決済サービスを併せ行うことで金融サービスを有効に生産している例を考えてみましょう。

その最も重要なものとしては、資金繰りの情報に基づき企業の業況を判断することがあげられます。企業からみれば、預金は取引の決済のための手段ですから、支払準備としての預金口座を常に保有していますし、取引を行う度に、その口座を通じて入金や出金が生じます。銀行は、決済サービスの提供を通じて、こうした入出金の情報を入手することができますので、他の債権者と比べ、取引先企業の業況を判断するうえで優位に立つことができます。こうした情報を含め、銀行が融資等の審査

能力を高めるために私的な情報を蓄積することは、「情報生産活動」と呼ばれています。

　また、銀行は、取引に際し決済のタイミングを遅らせようと考える顧客に対しては、決済サービスを提供していることで、その期間に見合う融資を行う機会を得ることができます。この点に関しては、第1章で決済と金融の関係を説明する際に、手形の例をあげましたが、そのほかに、貿易取引の決済についてのユーザンス、クレジットカードでのリボルビング払い等、決済サービスに連動して金融サービスを提供している多くの例があります。

　このほか、直接的に決済と金融が結びつかない場合であっても、給与振込みや公共料金引落し等、決済サービスを介して日常的な接触がある顧客には、住宅ローン等の金融サービスの申込みをしてもらいやすいといった例もあります。

　こうしたことは、わが国では、不動産担保に依存した融資や顧客の銀行離れが指摘されるように、実務上は必ずしも重視されてこなかったかもしれません。しかし、電子商取引等を媒介する事業者等による金融サービスへの進出の動向をみると、決済サービスを提供していることが金融サービスの提供にシナジー効果を発揮するというメカニズムは、有効に働いていると考えられます。

　他方、金融サービスを併せ行うことで決済サービスを有効に生産している例もあります。ここでは、預金口座の残高を更新するための情報処理には、きわめて厳重な情報セキュリティの

確保が求められるため、大きな費用を要することがポイントとなります。

そうした例としては、銀行と顧客との間の決済でも、クレジットカードでの支払については、一月分の使用額をまとめて特定の日に引き落とす等の処理が行われることがあげられます。これは、個別の支払ごとに預金残高を更新する費用を節約するものです。

また、決済にかかわるリスクを限定するため、プリペイドの仕組みが用いられることもあります。利用者からみると、クレジットカードや銀行振込みでは、自分の口座番号等が明らかになりますので、なりすまし等にあった場合には、預金口座の全額が危険にさらされます。これに対し、プリペイドであれば、事故があっても、事前に払い込んでおいた金額に危険が限定されます。

銀行間決済では、預金口座の残高を変えるための費用を節約するため、他の銀行とかかわる支払指図については、ある程度は取りまとめておいたうえで、一括して通信することとしています。これは「プーリング」と呼ばれています。そのうえで、多くの支払指図を銀行間で清算する際には、支払指図の受払いの相手となる銀行のペアごとに、金額の相殺計算を行い、差額のみを一括して中央銀行での当座勘定の振替えで決済することとしています。これは「ネッティング」と呼ばれています。こうした手順では、清算を保留している部分について、銀行間で資金の貸借をしていることになります。

(2) 銀行の収益構造

　銀行は、こうして結合生産する決済サービスと金融サービスを顧客に提供することで収益をあげています。その対価は、決済サービスにおいては手数料、金融サービスについては利鞘が基本ですが、そうした二分法になじみにくいものもかなりあります。

　たとえば、前述した銀行間決済のプーリングを、銀行と顧客の関係からみますと、顧客が支払指図を出したタイミングと銀行がそれを実行するタイミングにズレが生じますので、その間については、金融サービスを提供していることになります。しかし、これは、その期間について銀行が顧客に信用を供与しているわけではありません。仕向け銀行は、指図に応じて顧客の預金残高を減額しているものの、銀行間ではまだ送金処理していないという状態にある場合には、銀行が無利子資金を調達していることになります。この点については、銀行の「フロート益」と呼ばれ、外国で強い批判を受けたこともあります。

　また、プリペイドによる決済サービスでも、情報セキュリティの面で顧客の利便性の高い決済サービスを提供することによって、プリペイドされた資金の運用という金融面の収益につなげています。

　いずれにせよ、銀行では、預金による決済システムのスタンダードに関して前述したように、金融サービスに伴う収益が重視されがちのようですが、決済サービスと金融サービスの結合

第4章　銀行システムの機能　81

生産によって全体として収益を得ているという認識が重要です。

2 中央銀行の機能

(1) 決済システムの運行

　中央銀行は、第1章で論じたような銀行券の発行と管理を行う「発券銀行」としての業務と、第3章で論じたような「政府の銀行」としての業務のほか、市中銀行間の決済を行う「銀行の銀行」としての業務を行っています。具体的には、顧客の支払指図に基づいて市中銀行が行う送金の結果、市中銀行が相互に保有することになる債権債務を、各銀行が中央銀行に有する当座勘定間の振替えによって解消させることです。

　このためのネットワークとして、わが国では、日本銀行が日銀ネットを運営しており、取引先の銀行等からの指図に基づき、登録された当座預金残高の変更を行っています。銀行間決済では、高額の振替えがきわめて頻繁に行われており、日本銀行が1日に処理する額は約100兆円に達しています。このため、日本銀行と取引先の銀行等の間では、精密なルールに基づいて通信が行われるとともに、正確で迅速な情報処理を行うために万全の備えがなされています。

　また、国債の保管振替業務は、どの国でも中央銀行が行っている業務というわけではありませんが、わが国では、日本銀行があわせ運営しています。国債は、銀行間の決済差額等に対す

る担保として用いられるほか、日本銀行のオペレーションの主要な対象ですから、日本銀行当座預金の振替えと国債の引渡しの連動を確保すること等で、銀行間決済業務と国債の保管振替業務の間には大きなシナジー効果があります。

　日本銀行のシステムは、このようにわが国決済システムの根幹となるインフラストラクチュアですので、昼夜を問わず、安定性と情報セキュリティに万全を期して運行されています。また、災害等に備えた業務継続計画が綿密に策定されており、役職員が交替で宿直にあたる等により、これに沿った態勢が常に厳格に確保されています。

　なお、現行の日銀ネットは、稼働開始から20年以上の期間を経た古いシステムです。最近では、採用されていた技術が陳腐化してシステム基盤の維持が困難となるとともに、稼働時間や通信フォーマット等が国際標準から乖離する等の課題が顕在化しました。そこで、2009年7月に、日銀ネットを抜本的に更改し、「新日銀ネット」を構築することが公表されました。

　新日銀ネットにおいては、アクセス利便性の向上が基本的考え方の一つとされています。具体的には、他のシステムとの接続性の向上、24時間稼働を可能とする情報処理能力の確保、国際標準に沿った通信フォーマットの採用等の基盤整備が行われます。わが国決済システムの根幹となるインフラストラクチュアだけに、日本銀行では、全行をあげて綿密な作業に取り組んでおり、取引先の協力を得て、2015年10月には新システムへの移行を行う予定としています。

新日銀ネットが果たす役割については、後ほど、わが国銀行の決済システムの当面の課題に関連して、詳しく説明します。

(2) 金融調節

中央銀行は、こうした決済サービスを提供することにより、政府と市中銀行の資金繰りを集中的に把握できる立場にあります。

図表3に沿って、政府の資金繰りである財政収支を説明しますと、入金と出金には時期的に大きな偏りがあります。政府は、国債の発行時期の調整等によって、ある程度偏りを緩和しますが、市中銀行の資金繰りに対しては、歳入が大きい時期の資金不足と、歳出が大きい時期の資金余剰とをもたらす外生的要因となります。たとえば、顧客から税金の支払指図を受けた市中銀行は、自らの中央銀行当座預金から、その額を政府が中央銀行に有する口座に振り替えねばなりません。これは、その市中銀行の資金不足要因となります。

わが国では、所得税や法人税の納税等による入金と公的年金等による出金が大きな変動要因です。

市中銀行の資金繰りに影響するもう一つの外生的要因としては、銀行券の受払いがあげられます。前述のように、預金は要求払いであることが本質ですから、顧客によって銀行券の受払いが求められれば、銀行は必ず応じなければなりません。銀行券の受払いの時期的な偏りとしては、休日の支出に備えて消費者が行う払出しと、休日明けに支出された銀行券が商店を通じ

図表3　金融調節と金融政策

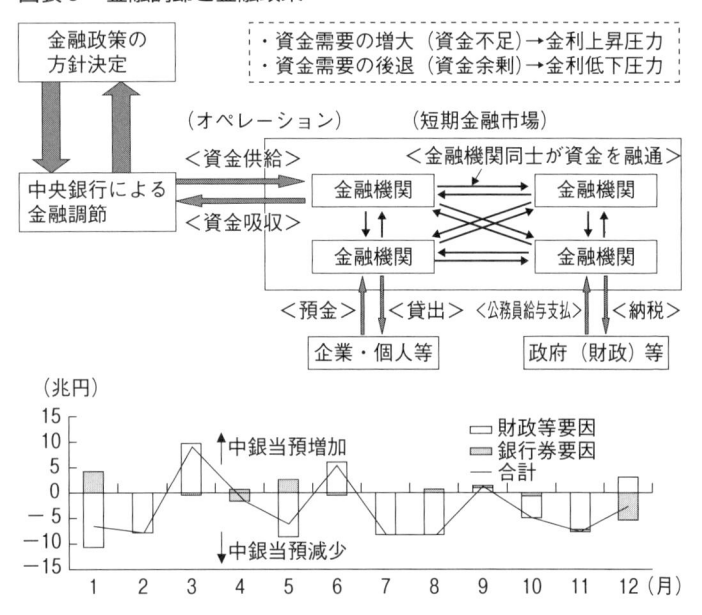

```
┌─────────┐     ┌─・資金需要の増大（資金不足）→金利上昇圧力─┐
│ 金融政策の │     │ ・資金需要の後退（資金余剰）→金利低下圧力 │
│ 方針決定  │     └───────────────────────┘
└─────────┘
    ⇅           （オペレーション）      （短期金融市場）
┌─────────┐  ＜資金供給＞  ┌─────────＜金融機関同士が資金を融通＞─┐
│ 中央銀行による │ ⇄⇄⇄⇄⇄⇄⇄  │ 金融機関 ⇄ 金融機関 │
│ 金融調節    │  ＜資金吸収＞  │ 金融機関 ⇄ 金融機関 │
└─────────┘           └───────────────────────┘
                  ＜預金＞＜貸出＞＜公務員給与支払＞＜納税＞
                  ┌─────────┐       ┌─────────┐
                  │ 企業・個人等  │       │ 政府（財政）等 │
                  └─────────┘       └─────────┘
```

（兆円）のグラフ：月1〜12、財政等要因、銀行券要因、合計、↑中銀当預増加、↓中銀当預減少

て還流してくる預入れとが主なものです。これは、市中銀行の資金繰りに響いてきます。そして、銀行券は中央銀行の債務ですし、中央銀行当座預金は要求払いです。したがって、市中銀行が、中央銀行当座預金を銀行券で引き下ろしたいという指図をすれば、中央銀行は必ず応じなければなりません。

　わが国では、お年玉等による年末年始の日本銀行券の受払いが、最も大きな変動要因です。

　こうした資金需給の変動は、地域によっても違ってきます。たとえば銀行券については、商店の多い地域では還流超になり

ますし、そうでない地域では払出し超となります。市中銀行は、それぞれの状況をふまえて、銀行間で貸借を行うことにより資金繰りをつけるのですが、銀行システム全体からみれば、財政収支や銀行券の受払いによる変動は、外生的ですから、これを放置すれば、銀行間金利の乱高下等の攪乱が生じることになりかねません。そこで、中央銀行は、こうした変動を均すような業務運営を行います。

　まず銀行券の需給については、地域ごとの流通状況を予測し、各地で不足が生じないようにします。わが国では、銀行を通じた払出しの準備として、日本銀行の本支店の金庫に銀行券が備蓄されています。過度に大きな金庫を備えつけることは無駄である一方、準備が枯渇すれば致命的ですので、金庫の収容能力と需給予測の兼ね合いを量ることがきわめて重要です。たとえば、感染症が流行する場合等は、銀行券の払出しのために外出することを避けますので、消費者、商店、銀行のすべてが手元の銀行券の保有を増大させます。中央銀行では、こうしたさまざまな事態を想定し、銀行券等の保管や運送を行っています。

　そのうえで、中央銀行は、中央銀行当座預金に対する需給の偏りを均すように、対市中銀行貸出や国債等の売買を行います。この点に関し、かつてのわが国の状況を振り返りますと、地方では補助金等で財政資金が散布される一方、都市は納税等で財政資金が吸い上げられる等、地域間で資金需給の偏りがありました。日本銀行にとっては、その円滑な還流が重要な課題

でした。

　こうした中央銀行当座預金に対する需給の調整が「金融調節」です。前述した市中銀行の業務に倣って整理すれば、決済サービスの提供に伴う金融サービスに当たるものです。また、ここから、中央銀行による金融調節は基本的に短期的なものであり、売買する金融商品も短期のものとすることが自然であることがわかります。長期国債の買入れを日本銀行券発行残高の範囲内とする日本銀行の銀行券ルールは、一つにはこうした中央銀行業務の本来的性格に沿って、設定されたものと考えられます。

(3) 金融政策

　中央銀行が金融調節を行う際に、中立的な需給調節よりも多めに金融商品を購入すれば、短期金利は下落しますし、少なめに購入すれば短期金利は上昇します。この操作が金融政策の伝統的な手段です。

　金融政策を運営する際の中間目標としては、中央銀行の銀行券や当座預金の残高である「マネタリーベース」や、銀行預金等の残高の合計である「マネーサプライ」が考えられます。しかし近年では、デリバティブ等の金融技術の革新に伴って、これらの量的指標と実体経済活動や物価の関係が希薄になっていると指摘されています。したがって、金融政策を運営する際の中間目標としても、金利が最も重要な目安となっています。

　中央銀行には、こうした金融調節の方針を決める責任を負っ

ている機関が置かれています。わが国では、日本銀行の金融政策決定会合がこれに当たります。

　金融政策の目標は物価の安定です。短期金利の操作が物価上昇率に影響する基本的な経路は、実体経済における供給力と総需要の関係を通ずるものです。経済の供給力は、労働力、資本、生産性という要素から決まってきますが、総需要は、人々の所得と、それをいつ支出に回せば効用が大きいと考えるかに応じて決まってきます。この両者の間には、時期により乖離が生じます。これは、「需給ギャップ」と呼ばれています。そして、需給ギャップと物価上昇率の間には「フィリップスカーブ」と呼ばれる安定的な関係があるとされています。

　一方、第1章で説明したように、金利が低下すれば、人々は決済を先送りできるので、将来行おうとしていた取引を前倒しで行う誘因をもちますし、金利が上昇すれば、反対の現象が生じます。そこで、短期金利の操作を市場金利の変動に及ぼすことができれば、総需要の発生タイミングに影響を与えることができます。つまり、金融政策は、短期金利の操作によって、現在の需給ギャップを変化させ、それによって物価上昇率に影響を与えようとするものです。

　ただし、その際に注意すべきことは、人々の行動に影響を与える金利は、物価上昇率を差し引いた実質金利であるのに対し、中央銀行が操作できる金利は名目金利だということです。そして、物価上昇率は、実体経済の需給ギャップだけでなく、一般の人々がどの程度物価が上昇していくと考えるかという

「期待」にもよるものです。これは、一種の常識のようなものですので、通常は安定的です。

　物価が下落するという期待が人々に定着している場合は、短期金利をゼロにまで引き下げても、マイナスにすることができませんので、実質金利でみれば、なお高止まりすることになります。そうなると、伝統的な金融緩和では効果を期待できなくなります。

　最近のわが国経済は、こうした状況にありましたので、日本銀行は、物価変動に関する人々の期待に働きかけるため、先行きも短期金利をほぼゼロに保つことをコミットするとともに、長期国債やリスク資産を含む多様な金融商品を大量に買い入れています。

　ただし、金融政策が影響を及ぼすのは、総需要のタイミングだけです。これは、金融商品の機能が財・サービスの取引やその決済のタイミングをずらすことであることを思い起こしていただければ、明らかだと思います。供給力は労働力、資本、生産性という要素から決まってきますので、金融政策は長期的な経済成長に直接の影響を及ぼすことができません。また、長期的にみれば、第1章で説明したように、実質金利と自然利子率が等しくなることが自然の帰結です。これに反した実質金利を続けようとすると、長期的に大きな需給ギャップを生み、資産バブルの発生や国際収支の変調等、大きな副作用をもたらすおそれがあります。

　なお、中央銀行は、物価の安定を目標とする金融政策の運営

のほかにも、金融システムが著しく不安定になった場合には、銀行の資金繰りを支援したり、金融市場が機能するための流動性を供給したりすることがあります。これは、人々が取引を行ううえで、金融システムの安定が重要な前提条件となるからです。そして、金融システムの中核である銀行が重要である理由は、預金による決済システムを構成していることにあります。

　これらをふまえると、長期的な経済成長に向けた中央銀行の役割として、取引を行う当事者のニーズに沿って、安全かつ利便性の高い決済システムを実現していくことがきわめて重要であることを理解していただけると思います。

(4) 中央銀行の収益構造

　中央銀行は、買い入れた資産による金利等の収入を得る一方、これに見合う負債については、原則として金利を払いません。こうしたことが可能となる理由は、銀行券の発行・管理や市中銀行の当座預金口座の振替え等の決済サービスを提供していることにあります。

　現在の日本銀行についてみれば、銀行券の発行・管理のために、金利に直せば0.09％に相当する777億円の費用を要していることは、第2章で説明したとおりです。また、銀行や政府の間の口座振替え等については、コンピュータシステムの開発・運用に関する費用がかかります。この点については、銀行から支払指図の通信に係る実費の徴収を行っているほかは、日本銀行が負担しています。その金額を平成25年度決算でみると、決

済システム関係で331億円、政府関係で395億円が支出されています。さらに、現在では、量的緩和を行っていることの兼ね合いから、銀行が日本銀行にもっている当座預金のうち、法定準備額超過部分に対して0.1％の金利を支払っています。期待に働きかける量的緩和のために、膨大な金額の国債等を買い入れても、売り手の銀行等がその代金を引き出してしまうと、日本銀行の資産負債残高を拡大させることができません。そこで、日本銀行は、国債等の買入れ代金を日銀当座預金に留保しておいてもらうための誘因を提供しているのです。このためには、平成25年度決算で837億円が支出されています。

　以上を含めた日本銀行の財務構造は、図表４のとおりです。中央銀行の収益は、しばしば通貨発行益（シニョリッジ）と呼ばれ、政府によって賦与された特権的なものであるかのような記述を見受けることもあります。しかし、こうしてみると、決済サービスと金融サービスの結合生産によって収益を得ている点では、一般の銀行と変わりがないことがわかります。なお、外貨資産は、わが国では外貨準備を政府で経理しており、日本銀行の資産残高としては比重が大きくないのですが、相場変動が激しいために損益に大きな影響を与えています。

　日本銀行は、こうして得られた余剰金の大半を、国庫に納付しています。

　こうした損益の側面から金融政策をみると、金融緩和は、自国通貨建ての預金による決済システムの運行によって得られる収益を、国庫に納付するかわりに、取引先の銀行や金融市場を

図表4　日本銀行の収益構造

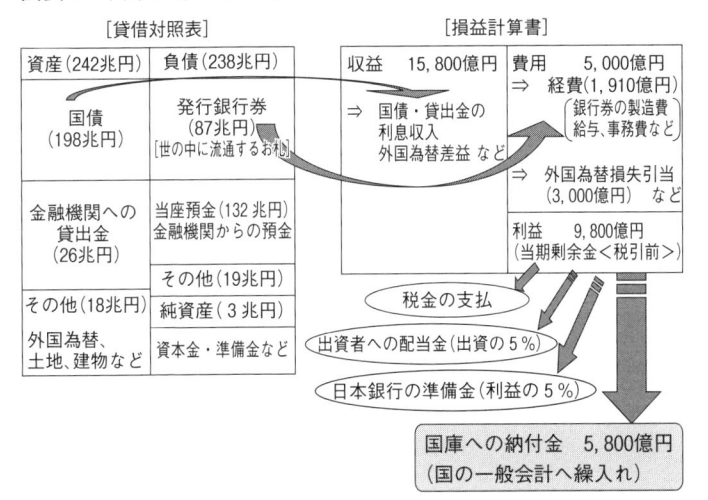

[貸借対照表]

資産(242兆円)	負債(238兆円)
国債 (198兆円)	発行銀行券 (87兆円) [世の中に流通するお札]
金融機関への 貸出金 (26兆円)	当座預金(132兆円) 金融機関からの預金
	その他(19兆円)
その他(18兆円)	純資産(3兆円)
外国為替、 土地、建物など	資本金・準備金など

[損益計算書]

収益　15,800億円
⇒ 国債・貸出金の利息収入
　 外国為替差益 など

費用　5,000億円
⇒ 経費(1,910億円)
　（銀行券の製造費
　　給与、事務費など）
⇒ 外国為替損失引当
　 (3,000億円)　など

利益　9,800億円
(当期剰余金＜税引前＞)

→ 税金の支払
→ 出資者への配当金(出資の5％)
→ 日本銀行の準備金(利益の5％)

国庫への納付金　5,800億円
(国の一般会計へ繰入れ)

通じて経済社会に還元しているものと考えることができます。中央銀行は、決済システムの運行によって得られる収益を上回る金融緩和を行えば、赤字に転落するおそれがあります。

　こうした損益について、金融サービスという面からみますと、同等の規模の金融引締めを行えば、長期的にはまかなうことが可能です。しかし、決済サービスという面からみますと、中央銀行の損益が決済システムへの投資に影響するようなことがあれば、不可逆的な変化をもたらします。仮に中央銀行の投資が滞った場合、それが自国通貨建ての預金による決済システムの競争力の低下につながれば、中央銀行の損益も減少傾向をたどることになります。その場合には、中央銀行が金融政策を行う余地も不可逆的に低下することになります。

3 決済リスク

(1) オペレーショナルリスク

　以上のように、市中銀行と中央銀行は、経済社会に決済サービスを提供することを基礎として収益を得ていますが、収益が得られるということは、当然、リスクがあるということでもあります。以下では、図表5を参照しながら、決済リスクとその管理について述べていくこととします。

　まず、決済リスクの内訳としては、第2章で論じたようなコンピュータシステムに対する脅威にかかわるオペレーショナルリスク、決済を行っても取引の履行が完了しない法的リスク、決済の相手方が破綻する等により決済途上の資金が毀損するカウンターパーティリスク、決済システムを運行する金融市場インフラの機能が障害を起こすインフラリスクがあります。

　このうち、オペレーショナルリスクについては、決済の意義が取引の完了にあるので、その管理が最優先であることはいうまでもありません。しかし、コンピュータシステムの障害の発生確率を下げることについては、厳密を期せば期すほど、加速度的に費用がかさんでいくことに注意する必要があります。

　わが国銀行による決済システムの運行については、外国に比して100分の1の障害確率となるまで堅牢性が求められること

図表5　銀行の決済サービスにおけるリスク管理

[決済リスクの要素]

- オペレーショナルリスク……情報の伝達・処理の円滑性・確実性に関するリスク
- 法的リスク……債権債務関係の解消に関するリスク
- カウンターパーティリスク……取引相手の信用リスク・流動性リスク
- インフラリスク……金融市場インフラの経営と業務に関するリスク

[対顧客取引におけるサービス提供とリスク管理のバランス]

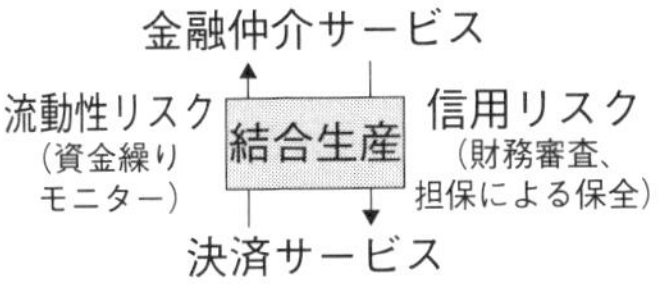

金融仲介サービス

流動性リスク（資金繰りモニター）― 結合生産 ― 信用リスク（財務審査、担保による保全）

決済サービス

[銀行間取引におけるカウンターパーティリスクの削減]

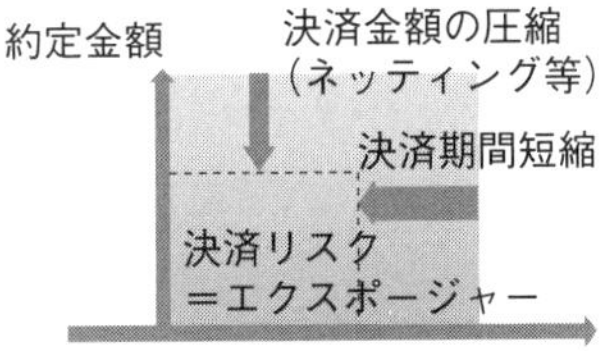

約定金額　決済金額の圧縮（ネッティング等）
決済期間短縮
決済リスク＝エクスポージャー

や、ATMで銀行券のストックが切れていることが決してあってはならないと考えられていること等、要求水準が極度に厳格であることが指摘されています。こうしたことが、かえって利用者の利便性等の抑制につながっている可能性も否定できません。

(2) 法的リスク

次に、法的リスクについては、銀行の法務担当者としては、かつては可能な限り責任を限定しようという考えに陥りがちでした。

たとえば、わが国の銀行取引約款には、顧客が一方的に負担

を負うような片務的な規定が盛り込まれている例も見受けられました。これに対しては、当時から、法律学者等による強い批判がありました。経済的に考えても、第2章で論じましたように、障害が生じたときの損害負担のルールについては、障害を回避するための措置を講じることが可能な側に責任を負わせるほうが、社会全体としての効用が高まります。顧客に過度に負担を負わせると、リスク回避のために利用が縮小していくおそれがあることにも留意が必要です。

また、電子資金移動（EFT、エレクトロニック・ファンドトランスファー）の事故時の処理に関し、銀行間決済のファイナリティを強調する立場から、銀行の負担を極度に否定する考え方が示されたこともありました。これに対しても、法律学者等による強い批判がありました。経済的に考えても、決済サービスは取引を完了するための手段なのですから、銀行間でだけファイナリティを強調することは本末転倒となるおそれがあります。むしろ、顧客が取引と入金を突合できてはじめて、決済本来のファイナリティが満たされるものと考えられます。

(3) カウンターパーティリスク

決済におけるカウンターパーティリスクは、決済の処理プロセスの途中で、当事者の片方が破綻したような場合に、それに伴う損失を他方が被るというものです。このリスクの大きさは、その時点で未決済となっている金額である「エクスポージャー」の大きさに対応して決まります。したがって、リスク

を削減するためには、決済金額の圧縮や決済期間の短縮が方策となってきます。

一方、決済リスクが生ずる局面としては、銀行が顧客に対して提供する決済サービスにかかわるものと、銀行間の決済にかかわるものとがあります。これを対比すると、銀行間決済では、決済対象となる取引の約定金額がきわめて大きく、カウンターパーティリスクの管理が決定的に重要です。とりわけ、ある銀行が支払不能となった場合、その銀行から渡される資金を計算に入れていた他の銀行も支払不能に陥り、さらにそれが他の銀行に波及するというシステミックリスクにつながるおそれがあることは重要です。

このため、わが国の銀行間決済については、日本銀行を中心に、「リアルタイムグロス決済」とすることが進められてきました。この点について説明しますと、従来、銀行をまたがる支払指図については、個々に日本銀行当座預金の振替えにつなげるのではなく、一定期間は未処理のまま銀行ごとにプールしておき、その合計額について銀行間のネット計算を行ったうえで、日中の一定時刻にその差額について日本銀行当座預金を振り替えるという「時点ネット決済」が行われてきました。これは、銀行間決済の情報処理に伴う費用を削減する効果をもちますが、エクスポージャーが積み上がるので、個別行に突発的な事故が生ずれば、多くの銀行に大きな影響が波及することにもつながります。そこで、リアルタイムグロス決済として、顧客の支払指図を可能な限り直ちに日本銀行当座預金の振替えにつ

なげようというものです。

　ただし、個別の支払指図のすべてについて、日本銀行当座預金口座間でリアルタイムの振替処理を行うことはきわめて費用が高くなります。そこで、1億円以上の大口の振込みに限ってリアルタイムグロス決済の対象とされ、小口の振込みは引き続き時点ネット決済の対象とされることになりました。2011年11月における導入の後の決済量をみると、リアルタイムグロス決済の対象は、件数では2％程度ですが、金額では70％を上回っています。銀行間決済の効率的な処理を確保しつつ、十分なリスク削減効果が達成されているものと考えられます。

　他方、銀行と消費者等の間の決済は、そもそも個別の約定金額が小さいのですが、これまでのわが国の銀行実務では、ここでも、一律にカウンターパーティリスクをとらないこととしてきました。この点については、わが国の銀行の決済サービスにとって制約要因となってきたと考えられます。

(4)　決済リスクの管理

　銀行システムにおいては、こうした決済リスクを管理していくため、これまで、オペレーショナルリスク、法的リスク、カウンターパーティリスクの各分野でリスク削減の努力が重ねられています。しかし、こうした分野ごとの積上げの努力と並行して、各リスクの抑制手段の組合せについても、いっそう柔軟に取り組んでいく必要があると考えられます。

　第一に、オペレーショナルリスクと法的リスクの関係につい

ては、その対処手段の代替性に留意することが重要です。たとえば、障害が発生した際に顧客に生じた損害を銀行が賠償する旨の契約としておけば、システムの運行管理で過度に完璧を目指さずとも、顧客からの信頼はある程度維持することができます。オペレーショナルリスクの削減をあまりに厳密に追求しますと、それに要する費用はリスク削減の程度に比して加速度的に増加しますので、銀行としては、むしろ障害時に責任を負うこととしてでも、システム的な備えを一定限度にとどめておくほうが経済合理性に合致するのではないかという考え方です。

第二に、決済サービスにおけるカウンターパーティリスクについても、その対処手段と、金融サービスに伴う信用リスクの対処手段との間では、いろいろな組合せが考えられることに留意する必要があります。

この点について、まず、顧客と銀行の間の決済をみますと、個別の約定金額が小さいうえ、多数の取引間で受払いが相殺され、銀行としては、ある時点でのエクスポージャーがふくらまないという面もあると考えられます。こうしたところでは、個別の約定ごとの決済リスクの削減に大きな費用をかけるよりも、信用リスクを伴う金融サービスを提供するほうが合理的な場合があると考えられます。たとえば、欧米の銀行では、個人小切手を認めています。これは、支払時には残高確認をしていないのでカウンターパーティリスクが発生していますが、小切手の発行にかかわる手数料等により、総合的に採算を確保しているものです。現在のわが国にこの枠組み自体を導入すべきだ

ということではありませんが、決済リスクと信用リスクを組み合わせて管理し、顧客へのサービス提供につなげているという点については、参考に値すると考えられます。

一方、銀行間決済については、銀行全体としての決済に支障が生ずる場合は、決済金額も大きく、他の銀行の資金繰りに直ちに影響するので、たしかにシステミックリスクにつながるおそれがあります。この点については、仕向け超過額に見合う担保を提供することで備えがなされています。そのうえで、日常から市中銀行の資金繰りをみている中央銀行による貸出がセーフティネットとなっています。

第三に、オペレーショナルリスクに関しても、金融サービスに伴う信用リスクと組み合わせたリスク管理がありうることに留意する必要があります。

たとえば、顧客向け決済に関し、コンピュータシステムに障害が生じたとしても、受払い自体が不可能となるのではなく、遅延するだけであるような場合があります。このような場合には、遅延期間に見合う金融サービスを提供することで、顧客には影響を与えないようにすることも考えられます。

銀行間決済についても、障害の種類に応じて考えていく必要があると考えます。たとえば、銀行全体として問題が生じたのでなく、顧客による個別の支払指図の伝達に支障が生じた場合、その支払指図について、顧客利便を重視して繰り戻すか、ファイナリティを重視して対応しないかという論点についてです。この場合、そうした決済サービスだけでの二者択一ではな

く、被仕向け銀行が入金先に当座の融資を行っておくという選択肢も考えられます。

このように、決済サービスにおけるリスクを、個々の決済処理ごとに極限まで削減しようとするよりも、リスクを伴う金融サービスを提供することとの組合せ等によって、より効率的なリスク管理を行うことが可能となる場合があります。こうした処理を柔軟に行うことは、決済サービスと金融サービスの統合生産という銀行本来の業務の一環だと考えられます。

4 政府の役割

(1) 預金の価値の安定

　決済システムの関連から政府の金融行政をみると、大きく、決済システムの手段である預金の価値の安定と、決済サービスを提供する事業者による公正な競争の促進に区分されます。

　前者については、預金は銀行の債務ですので、まず、銀行の経営破綻を可能な限り予防することが重要です。ただし、銀行も民間企業である以上、経営が破綻して倒産手続に移行する可能性は常に存在します。政府としては、その場合でも、決済システムに混乱が生じないようにすることが必要となります。

　銀行の経営破綻の予防については、情報開示による規律づけが最も重要ですが、銀行の資産では市場性のない貸出が大きな比重を占めていますので、その価値の評価には主観性が伴い、一般企業よりも、開示情報の信頼性を確保することに困難があります。そこで、政府は、資産の自己査定や会計監査について厳格なルールを定めるとともに、検査や監督によりその適正な運用をモニターしています。

　このほか、政府は、預金の価値を保護する観点から、日常的に銀行の監督を行っています。ただし、銀行は民間企業ですので、過度なリスクは回避しながらも収益を得なくてはなりませ

ん。そのための経営判断は、政府が個別に介入して改善することができるようなものではありません。そこで、政府としては、まず、銀行が過度のリスクをとらないように、業務範囲を限定しています。そのうえで、自己資本比率等の財務指標を定め、銀行に開示させるとともに、その指標が悪化した際に処分を行う旨を公表することで、銀行の経営努力への誘因を強化するという枠組みを設けています。

　一方、銀行が経営破綻した場合の対応については、すみやかに倒産手続に移行させることが最も重要です。このため、一般企業と異なる特別の制度を設け、政府が能動的に破綻処理を行うこととしています。そのうえで、預金保険制度を設け、一定額までの預金に対し、倒産手続における払戻しを保護するための財源を提供することとしています。こうしたセーフティネットが設けられていることには、取付けの発生を抑制する効果もあります。

　なお、中央銀行は、こうした枠組みを前提に、決済システムにおけるシステミックリスクを防ぐための活動を行うこととなっています。

　しかし、こうした政府による監督やセーフティネットは、銀行が民間企業として経営を行ううえでは副作用をもたらします。とりわけ、金融サービスで過度に大口の取引を行ってリスクをとる誘因をもたらすことが重要です。政府による信用補完のメリットは、金融サービスで取り扱う金額に応じて及んでくるからです。銀行は、決済サービスと金融サービスの統合生産

を行っているのですが、決済サービスの充実に情報処理能力を追加的に投入することよりも、金融サービスを提供する際の金額をより大きくすることに力を入れるほうが、セーフティネットによる反射的利益をより多く享受することができるため、経済合理的な経営となります。リーマンショックを頂点とする世界的金融危機の背景には、こうした問題があったのではないかと考えられます。

　世界的金融危機の後では、銀行経営のゆがみや財政負担のリスクを是正するため、自己資本比率規制等の強化や銀行の破綻処理における円滑性の確保に向けて、国際的な規制強化の動きが進展しています。

(2)　決済サービスにおける公正な競争の促進

　政府による預金の価値の安定に向けた枠組みについて、決済サービスの観点からみると、銀行が、金融サービスで過度にリスクをとって収益を追求する結果、決済サービスとの結合生産による本来業務を後回しにしないように留意する必要があると考えられます。銀行の役割からすると、決済システムが有効に機能することが本質的に重要だからです。

　資本主義社会では、こうした問題に対処するための基本的な方策は公正な競争の促進です。しかし、銀行の預金と他の決済サービス事業者の提供する手段を対比すると、同様に民間企業の債務であっても、前者にだけ預金保険等のセーフティネットが設けられています。また、銀行には、民間企業であっても、

政府による経営の監督が行われています。したがって、決済サービスをめぐる銀行と他の事業者の競争は、純粋に市場メカニズムに沿ったものとはなりがたいと考えられます。

そこで、政府は、銀行以外の事業者による決済サービスの提供を広く容認していくとともに、銀行に対しては決済サービスの改善を促すこととしています。

わが国では、インターネットの普及等の情報通信技術の進歩に対応して、決済サービスに着目した横断的な制度である資金決済法が制定され、多様な決済サービス事業者と銀行との競争環境が整備されています。

しかし、決済システムを構成する銀行については、これまでのところ、預金をカットするような破綻処理をしていませんので、政府の信用補完に基づく経営のゆがみがあるおそれは否めません。銀行の業務において決済サービスの比重が高くなるような働きかけが重要だと考えられます。

その際には、情報通信技術の革新に伴って、経済社会が必要とする決済サービスの具体的な内容が変わってきていることにも留意する必要があります。後ほど説明するように、銀行の決済サービスに対する企業のニーズは、大きく変化してきています。銀行の業務範囲についても、決済に関連する情報処理全般について幅広く検討していくことが必要だと考えられます。

(3) 国際的な決済の管理

中央銀行を中心とする銀行システムが提供している決済サー

ビスは、基本的に国内における自国通貨建ての決済に関するものです。そうでない決済としては、外国の当事者との間の決済と外貨建ての決済があります。この両者は、多くの場合重なりますが、国内における外貨建決済や外国における自国通貨建決済も行われます。これらの国際的な決済については、政府が、取扱ルールを定めたり、自ら取引を行ったりします。

これらについて、わが国の状況をみると、かつては経常収支が赤字基調でしたので、政府が統一的に外貨を管理していましたが、経常収支の黒字定着に伴って、国内での外貨建決済が自由化されました。

しかし、現在でもなお、外国の当事者との間の決済については、一般的に報告義務が課されているほか、経済制裁等のために禁止されることもありうるとされています。また、海外預金については個別に報告が求められています。したがって、外国の当事者との決済について、プーリングやネッティングによる決済を行うことは、事実上困難です。こうしたなかで、外国における円建ての決済については、「円の国際化」が長期的な目標とされてはいますが、これまでのところ、あまり実効があがっていません。

また、わが国政府は、現在も、外国為替資金特別会計に膨大な額の外貨準備を保有しています。これは、特別会計が年度を超える円建短期国債を発行し、その資金で外貨建ての金融商品を購入するという金融活動によるものです。その規模は拡大を続けており、短期国債発行の限度額は195兆円に達しています。

その損益については、スイス等のように中央銀行が経理する場合と異なり、現金ベースの会計処理です。近年では、内外の金利差を反映した多額の剰余を計上しており、うち2兆円弱が毎年度一般会計に繰り入れられています。

　なお、決済にかかわる政府の役割としては、国際的に活動する銀行の破綻処理に関する交渉もあります。そうした銀行の倒産手続において、未決済となっている金額をどう扱うかについては、倒産手続を管轄する裁判所や、セーフティネットとなる預金保険機構が、基本的に各国内を管轄領域としているからです。この点に関しては、銀行が経営破綻の危機に直面した場合、本店のある国の監督当局や裁判所が資産保全命令を出してしまうと、外国での決済にも支障を生ずるおそれがあります。また、倒産手続後の処理に際し、他国の預金者等の負担において自国の預金者の倒産配当を大きくするという扱いが行われる懸念もあります。

　リーマンブラザーズの破綻処理に際しては、こうした点で多くの困難が発生したため、現在、事前のルール整備に関する国際的検討作業が行われています。しかし、銀行については、もともと国内での破綻処理でも困難なのに、各国間の関連制度に大きな相違があるので、抜本的な答えを見出すには至っていません。

第 5 章 金融市場の機能

1 金融商品と金融市場

(1) 金融商品の特性

これまで預金による決済システムの説明をしてきたなかでは、預金の価値が銀行間で均一であり、政府の関与によって時間的にも安定していることが重要であると述べてきました。これは、これまでの情報通信技術の制約のもとで、決済にかかわる情報の伝達と処理を効率的に行うためには重要な前提でした。しかし一方で、この本では、通貨による決済のタイミングを操作するための商品として、金融商品が用いられているという説明も行いました。そこで、以下では、金融商品の取引について決済をどう行うかという論点と、預金による決済システムと金融商品の決済システムの対比について説明します。

その際には、まず、財・サービスと対比した金融商品の特性を念頭に置くことが有効です。

金融商品の第一の特性は、価値の評価が人々に共有されていることにあります。これは、人々が財・サービスのかわりに金融商品を受け取る理由は、それを第三者に転売すれば確実に通貨にかえられることにあるからです。

金融商品の備えるべき第二の特性は、引渡しが容易であることです。これは、金融商品は財・サービスの取引の決済のタイ

ミングを操作するための手段だからです。財・サービスよりも金融商品の引渡しのほうが高い費用を要するのであれば、財・サービスの引渡しのタイミングを直接ずらすほうが経済合理的となってしまい、金融商品の存在意義はなくなります。

　こうしてみますと、金融商品が財・サービスにかわって取引される基礎は、その取引のための市場や引渡しのための決済システムがきちんと機能していることにあることがわかります。もちろん現実には、転売が行われない金融商品のほうが多いのですが、これらについても、転売を容易にするための流動化が図られるケースがしばしばあります。金融商品の取扱事業者においては、市場性のない貸出等の金融商品を「証券化」すること等により、市場性のある金融商品に転換する金融技術が開発され続けています。

(2) 金融商品の価格変動

　預金と対比すると、一般の金融商品は、価格が変動することが異なります。それでは、金融商品の価格は、どのような要素によって決まってくるのでしょうか？

　第一の要因は、金融商品の性格です。具体的には、金融商品を発行している企業を支配する権利があるかどうかが重要です。一般的に、企業等に資金を提供する人の権利については、「残余請求者（Residual Claimants）」に決定権を認めるということが確立した原則となっています。これは、ある決定によって損失を被る可能性がある人には、その決定を左右する権利が与

えられなければならないという資本主義社会の基本原則です。

　この点に関し、具体的な金融商品をみると、株式は、元本や配当が業績に応じて事後的に変動する一方で、株式発行企業の経営を統治する権利が賦与されています。これとは対照的に、債権は、元本返済や利払いの内容が事前に確定している一方で、債務者の経営に介入する権利は原則として賦与されていません。ただし、債務者が元利払いに困難を生じた場合には、倒産手続に入ることになります。ここでの債権者は、損失を被る可能性が生ずるかわりに、倒産計画に対する決定権をもつことになります。つまり、倒産手続を経済的にみると、債権の株式への転換（デットエクイティスワップ、Debt Equity Swap）を一斉に行うことと等しいのです。

　もちろん、現実には、株主に対して業績にかかわらず現在の経営体制を支持してもらおうとする例もみられますし、債権と株式の中間的な金融商品の設計を工夫する例もみられます。しかし、そうしたことは、市場メカニズムを通じて、金融商品の価格に反映されることになると考えられます。現実に、わが国でも、投資家に対して閉鎖的な企業の株価は低迷する傾向にありますし、劣後債や優先株の利回りは一般の債券よりも高くなっています。

　金融商品の価格が変動する第二の要因は、金融商品を発行している企業等の業況です。企業の業況が悪化すれば、当然のことながら、株式では価格下落、債務では借入金利の上昇や市場価格の下落が生じます。

金融商品の価格変動の第三の要因は、マクロ的な金融市場の状況の変化です。具体的には、市場金利の変動は、直ちに企業の借入金利に影響していきますし、損益を通じて株価に影響します。また、インフレーションやデフレーションは、名目利子率を変化させますし、企業の資産価値の変動を通じて株価にも影響します。さらに、これらの変動は外国為替相場に反映され、輸出入の価格競争力や国内外への投資判断を左右します。

　これらを対比すると、マクロ的な金融市場の状況は、金融政策や財政運営によって変動しますので、金融市場関係者の関心は、こうした短期の政策スタンスに集中しがちです。しかし、これまでも述べてきたように、長期的には、実質金利は自然利子率に収斂することになりますので、経済社会全体を考える場合には、経済の供給力に着目していくことが重要です。この観点からは、企業がどのような金融商品により資金を調達しているか、発行した金融商品を通じてどのように規律づけられているかが重要だと考えられます。

(3) 金融商品の市場

　金融商品は、財・サービスと異なり、それ自体では具体的な効用をもたらさない一方で、価格が頻繁に変動します。したがって、取引を行う人からすれば、十分な情報を得たうえで、利益が得られると考えれば直ちに購入できる一方、損失が発生するおそれを感じれば直ちに売却できることが重要です。こうした要件を満たすための枠組みが金融市場です。

しかし、こうした要件は、必ずしも、市場に任せれば自動的に満たされるようになるものではありません。そこで、政府としては、特定の金融商品については、広く一般の投資家が売買できるように、情報が公正に行き渡るための規制と監視を行うとともに、市場での取引が常に成り立つようにするための枠組みを設けています。わが国では、こうした市場整備の対象とする株式や債券等を「有価証券」と呼んでいます。法律上の「金融商品」という用語は、こうした有価証券に加え、預金やデリバティブ等を含むものとして用いられています。

　有価証券に関しては、情報を公正に行き渡らせるため、会計監査、有価証券報告書、証券取引所等のインフラストラクチュアが設けられるとともに、粉飾決算、風説の流布、インサイダー取引等の不正利用の取締りが行われています。これらは経済社会からみてきわめて重要な分野ですが、この本では、残念ながら説明を省略せざるをえません。

　また、有価証券については、市場での取引が常に成り立つためにも、さまざまな枠組みが整備されています。なかでも、すでに取引全般について説明したように、きちんとした決済システムが備えられていることが不可欠の要件です。この点は、この本の主題にかかわりますので、後で詳しく説明します。

(4) 金融商品による市場規律

　さて、十分な情報のもとで公正に取引が行われる場合、市場で決まる金融商品の価格は、金融商品の発行者に関する経済社

会の情報が集約されたものとなっています。たとえば、発行者の業況が悪化しているという情報が流れれば、金融商品の価格は直ちに下落します。逆に、こうした価格下落によって、発行者には、業況を改善するために経営改革を行う誘因がもたらされることになります。これが、金融商品による「市場規律」の働きです。

　この点に関する具体的な例としては、株式と企業経営の関係をあげることができます。先ほど説明したように、株式は元本や配当が業績に応じて変動する一方で、経営者の任免等に関する議決権等、企業統治の権能が賦与されています。しかし現実には、いわゆる安定株主がかなりの比重を占めており、少数の株式しかもたない一般株主にとっては、議決で大勢に影響を与えることは困難です。そこで、経営方針や業績に不満をもった株主は、自らの株式を市場で売却します。その結果、株価が下落すれば、安定株主にも損害が生じ、経営者に経営方針の見直しを求めることになるのです。

　このように、金融商品の価格変動は、それ自体で、発行体の経営者の行動に影響を与えます。したがって、経営支配の権能が賦与されていない債券であっても、市場で適正に価格が形成されることを通じて、発行者の行動に影響を与えることができます。たとえば、企業の業況が悪化すれば、発行している社債の価格が下落し、経営者に対し、財務の改善を図る誘因をもたらすことになります。また、何かの原因で長期金利が低下すれば、企業は、資金調達の費用が下がるので、投資を拡大する誘

因をもちます。

　ただし、長期金利が低下することについては、国債の発行者としての政府にも同様の誘因をもたらすという問題があります。その明確な事例がユーロ導入後の南欧諸国です。これらの国々は、ユーロの導入により、国債発行利回りがドイツ並みに低下しました。こうして低下した資金調達費用に安住した結果、資産バブルの発生とともに、政府支出の膨張を招き、債務危機に陥ったのです。政府の支出は政治プロセスで決められるので、企業とは同一に論じられませんが、南欧諸国の事例は、資金調達費用の低下が支出増大に向けた誘因をもたらすという経済的側面にも注意していく必要があることを示しています。

2 証券市場と証券決済システム

(1) 証券取引の清算と決済

さて、有価証券の決済を、財・サービスの取引に伴う決済と対比すると、価値の評価が人々に共有されていること、引渡しが容易であることという金融商品の特性がよりよく発揮されるような枠組みを整備することが重要になります。他方、有価証券を預金と対比すると、価格が変動することが異なります。預金による決済システムについては、価格変動のないことが運行の前提となっているのですが、有価証券については、個別の有価証券の価格変動を当然の前提として決済システムを構築する必要があります。

そこで、有価証券については、図表6でわが国の一般債について示したように、まず、各投資家による売買指図を執行した証券会社ごとに取りまとめ、取引の成立した価格を前提に清算する手続が設けられています。これはかなり煩雑な作業ですので、コンピュータを最大限活用しても、一定の日時が必要となります。

そのうえで、証券取引の約定内容に従って、預金については、証券会社間で相殺した後の金額を振り替える一方、有価証券については、購入した投資家に個別の証券の所有権を移転す

図表6　証券決済システム（一般債）

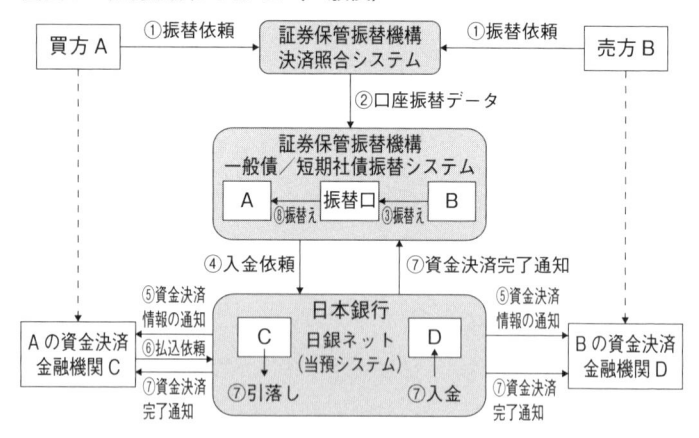

```
                    ①振替依頼    証券保管振替機構    ①振替依頼
     買方A ─────────→  決済照合システム  ←───────── 売方B
                              │
                              │ ②口座振替データ
                              ↓
                    証券保管振替機構
                    一般債／短期社債振替システム
                    ┌───┐ 振替口 ┌───┐
                    │ A │       │ B │
                    └───┘       └───┘
                    ⑧振替え      ③振替え
                         ④入金依頼    ⑦資金決済完了通知
 ⑤資金決済                                         ⑤資金決済
 情報の通知                                         情報の通知
┌─────────┐ ⑥払込依頼   日本銀行            ┌─────────┐
│Aの資金決済│←──────  日銀ネット  ──────→│Bの資金決済│
│金融機関C │          （当預システム）      │金融機関D │
│          │  ┌─┐              ┌─┐      │          │
│          │  │C│              │D│      │          │
└─────────┘  └─┘              └─┘      └─────────┘
  ⑦資金決済    ⑦引落し        ⑦入金   ⑦資金決済
  完了通知                              完了通知
```

ることになります。その際、預金は原則として価格変動がありませんが、有価証券は原則として価格が変動しますので、未決済部分に伴うカウンターパーティリスクを抑制するためには、双方の引渡しを同時に行うことが重要です。これは、実務家では「DVP」（デリバリー・バーサス・ペイメント、Delivery Versus Payment）と呼ばれています。私たちが商店で現金と引き換えに財・サービスを受け取ることと同じやり方です。ただ、有価証券の取引では、件数が膨大ですし、常に価格が変動していますので、全体としての証券決済は大変な作業になります。

　近年のわが国では、こうした証券決済システムについて、情報通信技術の進歩を活用した効率化が進められています。その結果、有価証券については、紙という物理的媒体を廃止し、国債については日本銀行、それ以外の有価証券については証券保

管振替機関のコンピュータに登録のうえ、取引の決済時に所有者の名義を振り替えることとされています。この点に関しては、銀行の日本銀行当座預金間の振替えを行うシステムと、日本銀行の国債保管振替システムや証券保管振替機構のシステムとが、直接接続してデータをやりとりする仕組みとされていることが重要です。これによって、証券決済については、人手を介さない効率的なDVP処理が実現されています。

(2) 市場型取付け

これまで説明したような有価証券の市場取引の枠組みは、金融サービスを提供するうえで、とても有効です。預金を受け入れて貸出を行うという銀行の枠組みでは、預金の価値を変えないことが大前提となりますので、リスクの大きい企業活動への資金供給には限界があります。その点、有価証券を用いるのであれば、価格変動を通じて、投資家がリスクとリターンの組合せを工夫するとともに、企業には市場規律が及ぶことで、より多様な金融サービスを提供することが可能になります。

そこで、もともとは有価証券に該当しないような住宅ローン等の金融商品についても、取りまとめたうえで有価証券につくりかえる証券化技術が発達してきました。このこと自体は、投資家や住宅購入者の多様なニーズに応える技術革新でした。しかし、証券化の拡大のプロセスで、多種多様な金融事業者が参画し、それぞれが自らの事業規模拡大を追求したことから、さまざまな矛盾が拡大しました。いわゆるリーマンショックは、

こうした矛盾の拡大が世界的金融危機につながったものです。

この問題を決済の観点からみると、市場型取付けが特に重要な論点です。

これを図表7に沿って説明しますと、証券会社が証券化等の金融サービスを提供するためには、投資家に販売するための有価証券の在庫が必要だということが出発点となります。証券会社がこうした在庫をもつためには、その販売時期と仕入時期の間隔を埋めるに足る資金調達を行わねばなりません。そのために行われる取引が「レポ取引」と呼ばれるものです。

もともとは、在庫である有価証券を、本来の販売見込み時点

図表7　レポ取引と市場型取付け

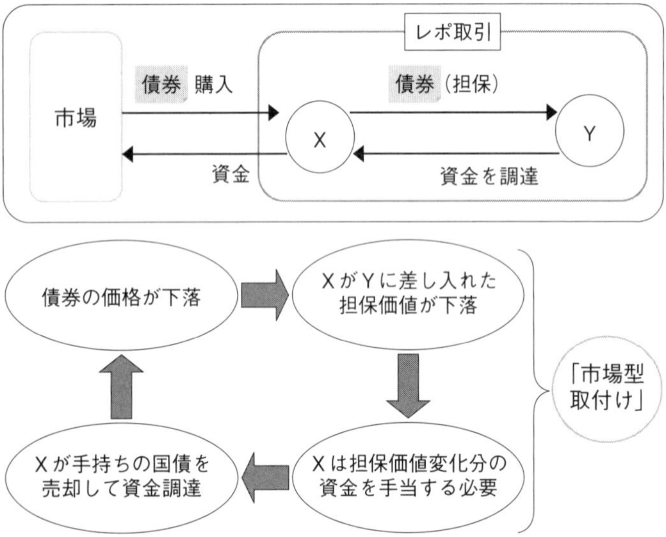

に買い戻すという条件をつけて、一時的に第三者に売却するということでしたが、実体的には短期借入れと等しい効果を得ることができます。そこで、アメリカの投資銀行を中心に、次第に、さまざまな保有有価証券を多様な相手とのレポ取引に出すとともに、調達した資金でさらに有価証券を買い増すことが行われ、レポ取引の残高がふくらんでいきました。

　こうした取引に基づく投資規模の拡大は、有価証券の価格が下落すると、逆回転を始めます。つまり、投資銀行がレポ取引で調達できる資金の額は、取引に出す有価証券の価格によって決まってきます。したがって、有価証券の価格が下落すると、調達できる資金の額も少なくなるので、その時点で保有している有価証券の在庫をもちこたえることができなくなります。そこで、投資銀行は手持ちの有価証券を投売りするしかなくなるのですが、これは、市場でのその有価証券の価格下落を招きます。そうなると、その有価証券を使うレポ取引で調達できる資金の額がさらに減少するという悪循環に陥ります。そうこうしているうちに、その投資銀行は、この負の自転車操業が行き詰まり、資金繰り破綻を起こすという事態に至ります。そうなると、市場では、次にどこが資金繰り破綻を起こすのかという疑心暗鬼に陥り、取引がなかなか成立しなくなります。こうした市場で有価証券の投売りが行われれば、成立する価格は極端に低くなり、悪循環がよりいっそうひどい状態になってしまいます。これが「市場型取付け」のメカニズムです。

　それまで考えられていた「取付け」は、銀行預金の払出しが

集中して、市中銀行が資金繰り破綻するというものでした。この現象に対しては、その市中銀行が時間をかければ返済できることを前提に、中央銀行が貸出を行うことで対応することとされていました。これに対し、市場型取付けでは、資金を供給すべき相手が特定できないので、市場で有価証券を買い入れねばならないうえ、事前にはその価格が正常に戻るかどうか確実ではないという問題もありました。それでも、アメリカのFEDは、市場取引を成立させるために、証券化商品の大幅買入れを行ったのです。

　また、こうした投資銀行の破綻を一般企業の破綻と対比しますと、突然死に近いものであることが特徴です。破綻に至る直前まで、大規模な取引を行っていますので、破綻時点では、決済プロセスの途中にある取引が大量に存在していることになります。世界的金融危機にあたっては、これをどう処理するかが証券決済システムの課題となりました。

(3) 証券決済のリスク管理

　証券決済においては、先ほど説明しましたように、有価証券の価格が変動することと、清算等に時間がかかることが特性となります。世界的金融危機では、極端な価格変動と取引当事者の突然の破綻が生じましたので、この特性に伴う問題が極度に強く現れたのです。そこで、危機後の規制改革に際しては、証券決済のインフラストラクチュアの強化が課題となりました。

　第一に、清算機関の強化です。有価証券の取引においては、

図表8で示したように、各証券会社が、市場で成立した売買契約に基づいて、いったん清算機関を相手に有価証券と代金の引渡し義務を負い、次にそれを清算機関が証券会社の間で相殺し、そのうえで相殺後のネット金額を決済機関に引き継ぐという手順をとる場合があります。これは、これまで繰り返し説明してきたように、ハブ＆スポーク型のネットワークとすることが情報処理からみて効率的だからです。清算機関がハブであ

図表8　清算機関の役割

［清算機関の機能］

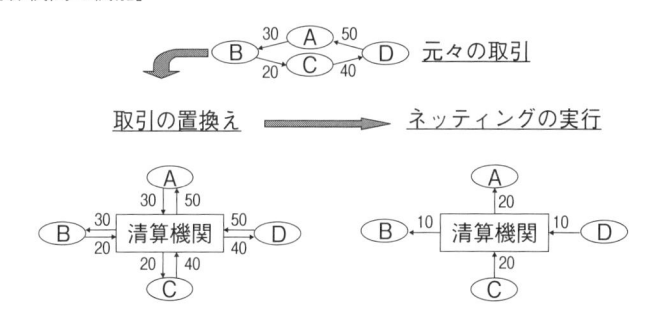

　　　　　　　　　30　Ⓐ　50
　　　　　　　　Ⓑ　　　　　Ⓓ　元々の取引
　　　　　　　　　20　Ⓒ　40

取引の置換え　　　→　　ネッティングの実行

　　　　　　　Ⓐ　　　　　　　　　　　　Ⓐ
　　　　　　30↑↓50　　　　　　　　　　↑↓20
　　Ⓑ→清算機関→Ⓓ　　　　Ⓑ→清算機関→Ⓓ
　　　20↑↓40　　　　　　　10　　　　　10
　　　　　　　Ⓒ　　　　　　　　　　　　Ⓒ
　　　　　　　　　　　　　　　　　　　　20

［決済リスクの遮断］

市場参加者の破綻
　⇩
決済の不履行
　⇩
決済リスクの顕現化
　⇩　　⇩
市場流動性の低下　資金デフォルト連鎖　　　　清算機関のCCP
　⇦　　　　　　　証券フェイル・デフォルト連鎖　機能により遮断
価格ボラティリティ上昇

り、個別の投資銀行との間にスポークをもつかたちです。清算機関は、こうした役割から、「CCP」(Central CounterParty) と呼ばれています。

　その決済手順の途中で取引当事者が破綻した場合には、清算機関は、その契約相手であった当事者に対し、有価証券か代金かを破綻会社のかわりに引き渡すことになります。これによって、一当事者が破綻しても、契約不履行が伝播していくことを防ぐことができます。しかし問題は、清算機関が破綻当事者にかわって有価証券を売買する場合には、新たに取引を行うことになるので、もとの取引の時点から価格が変動していることです。リーマンショックのような金融危機の時期には、価格変動が極端に大幅なので、清算機関が抱える価格変動リスクも著しく大きくなります。仮に清算機関が破綻するようなことがあれば、ハブ＆スポーク型ネットワークのハブが壊れますので、大惨事が発生します。

　清算機関では、そうした事態が生じないように、取引参加者から事前に拠出金を積み立ててもらうとともに、それが枯渇した場合には、残った損失額を生き残っていた参加者が按分して追加負担するという枠組みを設けています。世界的金融危機に際しては、これで何とか乗り切ることができましたが、次にさらに大きな危機が生じた場合に備える必要があることが判明しました。損失額があまりに膨大だと、残る参加者が追加負担の結果順次破綻していくことがありうるのです。

　そこで、国際的な議論が行われた結果、清算機関の財務基盤

をさらに強化することとされました。これで清算機関が財務的に破綻するおそれは小さくなります。しかし一方、危機に備えてあまりに事前拠出を増やしますと、その財源を負担する投資銀行が有価証券の取引を取り次ぐ際の手数料を引き上げることにつながります。その場合には、投資家が、清算機関で取り扱われる有価証券の取引から逃げていくことになります。投資家が有価証券の市場をどう利用するかは、彼らにとっての経済合理性によって決まってきますので、これは、バランスをとることがなかなかむずかしい課題です。

第二に、証券決済システムのリスクを削減するもう一つの手段としては、前章で決済リスクの管理全般について述べたように、決済の手順に要する作業時間を短くすることがあります。カウンターパーティリスクは、決済額と決済に要する時間の掛け算であるエクスポージャーで決まってきますので、決済に要する期間を可能な限り短縮することが重要な目標になってきます。

しかし、ここでも、無理に期間短縮を行おうとすると、オペレーショナルリスクが高まるという問題があります。オペレーショナルリスクとカウンターパーティリスクへの対処方法は代替的なのです。預金による決済について説明したのと同様、決済リスクの管理については、各リスクの抑制手段の組合せを考えていくことが重要だと考えられます。

現在、わが国では、最も取引金額の大きい有価証券である国債の決済期間短縮に向けた取組みが続けられています。ここで

も、オペレーショナルリスクの問題は大きいのですが、たとえばレポ取引については、実質は有価証券担保の借入れであることにかんがみ、取引対象の国債の具体的銘柄は決済段階で決めること等の工夫が検討されています。ここでは、オペレーショナルリスクと法的リスクを組み合わせてリスク管理を行うことが検討されているのです。

第6章 わが国銀行による決済システムの当面の課題

1 決済サービスに対する企業のニーズの変化

(1) 情報通信技術利用のユビキタス化

この章では、これまでの説明をふまえて、わが国銀行による決済システムの当面の課題について、海外のシステムと対比しながら説明します。

まず、現在の経済社会での取引の主役である企業の活動はどのように変化しているのでしょうか？ この問いに対する答えは、世界共通に、情報通信技術利用のユビキタス化やグローバル化です。

そこで、情報通信技術利用のユビキタス化について、わが国の状況を説明しますと、経済産業省の調査によれば、企業間の電子商取引の規模は2013年で約260兆円に達しており、基本的な取引方法としてすでに定着しています。取引全体に占める比率をみると、輸送用機械では50％を超え、食品や電気・情報関連機器でも40％を超える高水準に達しています。わが国の基幹産業では、企業間取引の主力が電子化されているのです。

また、同調査で消費者向けの電子商取引の動向をみると、なお約9.5兆円の規模ではありますが、拡大を続けています。特に、宿泊・旅行をはじめとするサービス業では、取引全体に占める比率が6％を超えています。こうした取引ではリアルタイ

ムで決済が行われ、コンテンツの取得や予約等が完了することの意義が大きいからです。

(2) わが国企業活動のグローバル化

　企業活動のグローバル化の状況について、わが国の状況を説明しますと、外務省の調査によれば、わが国企業が海外にもつ拠点の数は、近年におけるアジア・太平洋での拠点数の伸びを中心に増加を続けており、2013年で6万カ所以上に達しています。また、その活動の状況に関し、経済産業省の調査をみますと、製造業現地法人の販売先の多くが、アジア内の市場や、わが国への逆輸入となっています。さらに、最近の企業活動のグローバル化においては、とりわけ中小企業の海外進出の拡大が目立ちます。

　これは、アジアを中心に、グローバルサプライチェーンが形成されていること等を反映したものです。わが国産業が競争力をもつ材料や部品については、完成品ができあがるまでに、何度もクロスボーダーの取引が行われます。

2 企業取引に対応した決済サービスの高度化

(1) 従来のわが国銀行の決済サービス

　以上のような企業行動の変化に伴う決済サービスに対するニーズの変化と、これに伴って必要となる決済サービスの高度化の内容を図示すると、図表9のとおりです。

　この点に関して、まず、わが国銀行の決済サービスの現状をみますと、企業間の電子商取引との関連については、商取引の発注から請求まではすべてシステムで情報を処理しているのに、入金だけは別途、銀行にアクセスせねばならず、非効率性が目立ちます。また、対消費者の電子商取引との関連については、着金が平日の7時間のみという時間制約や、利用可能文字や付記情報の制約があり、サービスや情報商品の購買に適していません。インターネットでの購買の決済方法に関する総務省の調査結果をみると、クレジットカード、代引き、コンビニエンスストアが多く、インターネットバンキングのウェイトは小さくなっています。

　わが国銀行の決済サービスがこのように制約の強いままでは、企業の経営資源の有効活用や新たなビジネスの開発にとって、足かせとなってしまうのではないかと懸念されます。企業のニーズが変化しているなかで、銀行としては、決済サービ

図表9　決済サービスに対する企業ニーズの変化と対応

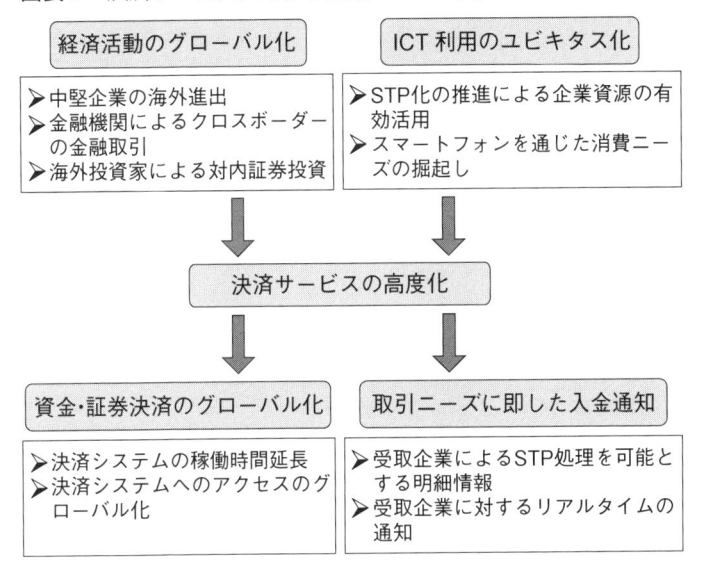

```
┌─────────────────────────┐  ┌─────────────────────────┐
│   経済活動のグローバル化   │  │   ICT利用のユビキタス化    │
├─────────────────────────┤  ├─────────────────────────┤
│➤中堅企業の海外進出        │  │➤STP化の推進による企業資源の有│
│➤金融機関によるクロスボーダー│  │  効活用                   │
│  の金融取引               │  │➤スマートフォンを通じた消費ニー│
│➤海外投資家による対内証券投資│  │  ズの掘起し                │
└─────────────────────────┘  └─────────────────────────┘
              ↓                            ↓
              ┌─────────────────────────┐
              │     決済サービスの高度化     │
              └─────────────────────────┘
              ↓                            ↓
┌─────────────────────────┐  ┌─────────────────────────┐
│ 資金・証券決済のグローバル化 │  │  取引ニーズに即した入金通知  │
├─────────────────────────┤  ├─────────────────────────┤
│➤決済システムの稼働時間延長  │  │➤受取企業によるSTP処理を可能と│
│➤決済システムへのアクセスのグ │  │  する明細情報              │
│  ローバル化               │  │➤受取企業に対するリアルタイムの│
│                         │  │  通知                     │
└─────────────────────────┘  └─────────────────────────┘
```

に対する潜在ニーズを掘り起こすことが重要だと考えられます。

　しかし、これまでのわが国では、そうした掘起しはあまり行われてきませんでした。その背景としては、企業サイドからみれば、決済サービスはビジネスを構築する際の前提となるものであって、まず銀行サイドにおいて改善を進める方針が示されない限り、現在のサービスを前提として考えていく以外にないという事情があるのではないかと推察されます。

　また、銀行サイドからみますと、この本の最初に説明したネットワークの外部経済性にかかわる問題があります。つま

り、個別の銀行からすれば、決済サービスについても採算性を確認する必要がありますが、自行だけが投資をしても有効な事業を展開できるか否かが不確実です。決済サービスを本格的に高度化するためには、決済システム全体として検討しなければなりませんが、その際には、システムを構成する銀行の間で経営判断の「すくみ」が生じがちです。

さらに、両サイドに共通し、現状の低金利のもとでは決済の効率化による資金利益の改善効果が小さいために、ニーズが顕在化しにくいという問題もあります。

(2) ヨーロッパにおける決済サービスの高度化

一方、海外に目を移しますと、決済サービスの高度化についてはヨーロッパが先行しています。

まず、広域的な企業活動にかかわる決済サービスの統合については、ユーロ圏諸国のみならず、イギリスやスイスも参加して、「SEPA」(Single Euro Payments Area) という枠組みに基づいて、銀行の決済サービスの統合が進められています。すでに、振込みについては2008年から、引落しについては2009年から、どの参加国の銀行との間でも、国内の銀行間と同様の取扱いとする決済サービスが導入されています。さらに、2014年8月以降、参加国の銀行は、こうしたヨーロッパ統一の決済サービスを提供することが義務づけられました。

SEPAが企業活動にもたらす経済効果としては、資金管理の効率化や経営資源の有効活用等があげられています。この点に

関し、EU委員会の委託調査による推計結果をみると、2013年末時点で年間219億ユーロの決済関連経費削減、900万の銀行口座の削減、2,270億ユーロの流動性負担軽減、97万人年の決済関連労働力の解放等が見込まれています。世界的陶磁器メーカーのビレロイ＆ボッホ社によれば、SEPAによることのメリットは、対応のためのシステム投資の額を、単年度で上回ったとのことでした。

また、消費者向けの決済サービスについては、イギリスで、2008年から「ファスターペイメント・サービス」(Faster Payments Service）というインフラストラクチュアにより、24時間・365日のリアルタイム決済サービスが提供されていることが注目されます。

イギリスでは、かねてから流通業による銀行設立や収納代行サービスの提供等、既存の銀行と他産業の機能的競争が活発で、政府もこれを奨励してきました。また、最近では、決済サービスにおける競争促進を主な任務とする官庁も創設されています。こうしたなかで、銀行は、決済のプロセスに長い期間を要していたことに伴ってその期間中の運用益を得ていたことが強く批判されていました。そこで、イギリスの銀行は、決済システムを根本的に見直すための投資を行ったのです。

その内容は図表10のとおりですが、イギリスの銀行によれば、新しいサービスを顧客に提供することができ、個別行の投資効果からみても十分な意義があったとのことです。企業からみれば、消費者からスマートフォン等でいつでもリアルタイム

図表10　イギリスにおけるファスターペイメント

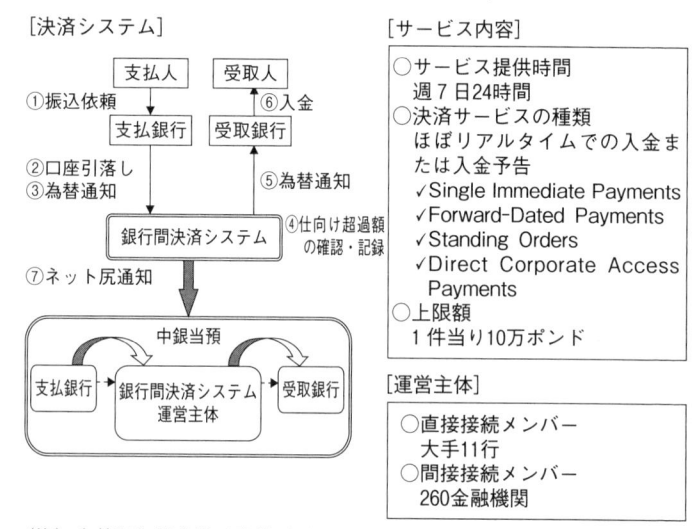

[決済システム]

支払人 → 受取人
①振込依頼　⑥入金
支払銀行　受取銀行

②口座引落し
③為替通知　　⑤為替通知

銀行間決済システム　④仕向け超過額の確認・記録

⑦ネット尻通知

中銀当預
支払銀行 ⇄ 銀行間決済システム運営主体 ⇄ 受取銀行

[サービス内容]
○サービス提供時間
　週7日24時間
○決済サービスの種類
　ほぼリアルタイムでの入金または入金予告
　✓Single Immediate Payments
　✓Forward-Dated Payments
　✓Standing Orders
　✓Direct Corporate Access Payments
○上限額
　1件当り10万ポンド

[運営主体]
○直接接続メンバー
　大手11行
○間接接続メンバー
　260金融機関

（注）為替通知発出後は取消不可。
　　　決済システムでは、フォーマットの適正性のみを確認。

で送金してもらうことができるようになり、ビジネス展開の可能性が広がりました。銀行によっては、こうした企業との取引関係を強化するため、振込先の電話番号だけによる送金サービスや、企業が銀行を介さずファスターペイメント・サービスに支払指図を送ることができるサービスを導入している例もみられます。

　なお、アメリカでも、2013年以降、決済システムを抜本的に改善する方針が明確に打ち出されてきています。FRB（連邦準備理事会）は、2015年1月には、関係者との協議をふまえて、「合衆国の決済システムの改善に向けた戦略（Strategies for

Improving the U.S. Payment System)」という文書を公表しました。ここでは、スピード、セキュリティ、効率性、国際性、協働という5つの目標に向けた戦略が提示されています。

(3) わが国における対応の方向

　情報通信技術の革新やグローバル化の流れのなかで、銀行とその主要顧客である企業の競争力を確保していく観点からは、わが国でも、欧米における決済サービス高度化の流れにキャッチアップしていくことが不可欠です。

　情報通信技術利用のユビキタス化との関連では、とりわけインターネットからのアクセス利便性の向上が求められます。また、グローバル化との関連では、わが国銀行の決済サービスに対する外国からのアクセスや時差への対応の改善等が必要です。さらに、企業からみれば、資金決済そのものに加えて、それに付随する情報が、いつ、どの程度詳しく、コンピュータによる一貫処理に即したかたちで入金先企業に提供されるかが重要です。

　コンピュータシステムの開発には相応の期間を要しますので、銀行としては、こうしたニーズの変化に対して、将来を見通して前倒しで取り組んでいく必要があります。

3 わが国銀行による決済システムの当面の課題

(1) 新日銀ネットの稼働時間の延長

　銀行の決済サービスは、預金による決済システムの一環として提供されますので、その高度化のためには、バックボーンとしての銀行間決済のシステムを改善することが前提となります。

　この点では、2015年10月から本格稼働を開始する新日銀ネットの有効活用が重要です。すでに説明しましたように、新日銀ネットの開発では、アクセス利便性の向上に向けたさまざまな措置が講じられています。しかし、エンドユーザーである企業や消費者に対する決済サービスの高度化に寄与するためには、こうした日本銀行のシステム整備だけでは足りず、銀行が、新日銀ネットを有効活用するためのサービス開発や体制整備を行うことが不可欠です。

　とりわけ、グローバル化に対応した決済サービスの改善を進めるためには、稼働時間の延長が重要です。この点に関しては、稼働時間延長には相応のコストを要する一方、顧客の取引等のニーズは個別の銀行により異なっていることが問題となります。

　そこで、日本銀行では、常にすべての銀行の参加を得て銀行

間決済を処理するというこれまでの考え方を改め、図表11に示したように、コアタイムとは別に任意利用時間を設けることとしました。そして、任意利用時間においては、個別の銀行の経営判断により、新日銀ネットへのアクセスに応ずる方針としました。そのうえで、関係機関の実務家による議論を進め、これを通じて形成された共通認識に基づき、当面の稼働時間を21時まで延長することとしました。

これにより、新日銀ネットの稼働時間はヨーロッパ時間の午前やアジア時間の夕刻とオーバーラップすることとなり、クロスボーダー取引の基盤として有効活用することが可能となりま

図表11 新日銀ネットの稼働時間の延長

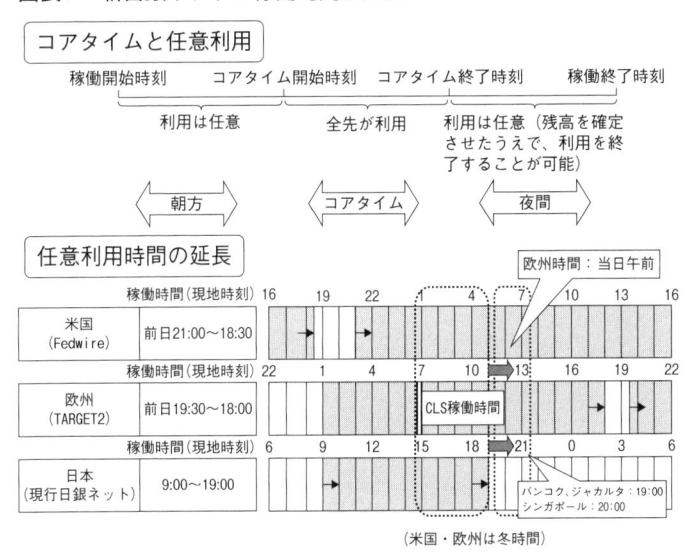

第6章 わが国銀行による決済システムの当面の課題

す。すなわち、資金証券取引に関しては、ヨーロッパ市場等において、当日朝にわが国の銀行や証券会社が日本国債を担保として差し入れたり返戻してもらったりすることが可能となります。また、企業向け決済サービスに関しては、たとえば、アジア時間の夕刻にわが国企業が取引を行った資金を当日中に送金することが可能となります。これは、わが国企業のアジアワイドでの資金プーリングの効率化支援に向けた基盤になると考えられます。

(2) 銀行の決済サービスに関するリスク管理

他方、銀行は、決済サービスを提供するにあたって、決済リスクを適正に管理しなくてはなりません。このことと決済サービスの高度化の両立を図るためには、現行の銀行振込みの手順を見直していく必要があると考えられます。

まず、オペレーショナルリスクの管理に関し、この本の第1章で説明した預金による決済の運行手順を振り返ってみますと、コンピュータシステムの面では、わが国では、預金に関する情報更新の段階ごとに必ず対象口座をロックして行うものとされています。また、個別の振込みに関する情報処理の内容についても、段階ごとに、振込人の預金口座、送金元の銀行の自己勘定、送金先の銀行の自己勘定への入金を必ず確認し、そのうえで次の段階に向けた引出しを可能とすることとしています。こうした処理方式は、「本残主義」と呼ばれています。さらに、わが国では、入金処理が行われても、振込先による引出

しが可能となるだけであり、送金先の銀行から振込先の顧客に対する入金通知は一般的ではありません。

こうした手順がとられている理由に関しては、わが国では、コンピュータによる情報処理にあたって、かつての総勘定元帳に基づく手作業をそのままシステム化しているのではないかと考えられます。また、入金通知に関しては、わが国では、もともと預金通帳への記帳によっていたため、銀行は入金処理を行うだけであり、入金確認のためには顧客が記帳しなければならなかったことが、そのままシステム化されています。欧米の銀行では、もともとステートメントを送付していたため、顧客に入金通知を行うことは当然だったことと対照的です。

オペレーショナルリスクの管理の観点からは、こういったシステムは、障害時のバックアップ体制への移行が迅速である等の利点があるとされていますが、開発当初のコンピュータの能力に応じて開発されたプログラムがレガシーとなっていること、通信手順等が銀行界独自のものとなっていること等の問題を抱えています。

カウンターパーティリスクの管理は、金額の大きな銀行間決済では、決定的に重要な問題です。このため、日本銀行を中心に、リアルタイムグロス決済化が進められてきました。しかし、わが国の銀行では、金額を問わず信用リスクを回避し、すべての決済で本残主義をとっています。どの国でも、銀行は顧客に対して信用リスクを負わないための手段を講じていますが、欧米の銀行に比べ、本残主義の徹底度合いがより強いもの

とみられます。

　こうした手順を厳守していますと、とりわけ、顧客による支払指図を大量に処理するような決済サービスについては、コンピュータへの負荷が大きくなります。その結果、コンピュータの負荷を克服するためのシステム投資の負担が、顧客への決済サービス提供や信用リスクの抑制による利益を上回ることになりかねません。そのことは、システム開発の費用負担を回避するために少額の支払等を事実上締め出すことにつながるおそれがあります。

(3) 入金通知と取引情報の突合

　以上をふまえて、わが国銀行の決済サービスの高度化について考えますと、企業間取引の決済に関しては、人手を介さずに取引と決済の突合関係を確認できる枠組みが重要です。

　この課題は、かねてから「金融EDI（Electronic Data Interchange）」の構想として検討が進められてきました。現在では、図表12のようなネットワークをつくり、取引の内容に関する「商流情報」と振込みの明細に関する「金流情報」を連携させることが検討されています。この枠組みが一般化すれば、企業サイドでは、売掛金の消込みのような狭義の経理事務の効率化だけではなく、売上情報をシステムで処理していくことにより経営資源の活用を効率化していくための基礎的な枠組みが得られるというメリットがあります。また、銀行サイドでは、企業の売上げ等にかかわる情報をリアルタイムで得ることにより、

図表12 金融EDIの拡充

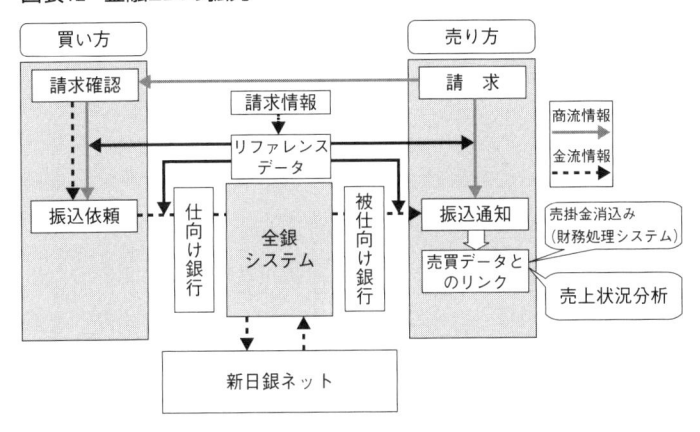

本来の商業銀行業務を高度化することが視野に入ってきます。

金融EDIの枠組みは、部分的には20年前に導入されたのですが、これまでは、あまり機能しないできました。その原因は、まず、銀行サイドで、現在の銀行振込みでは支払指図に付記できる情報が20桁に限られていることにあります。また、企業サイドにおいては、たとえば品目のコード等について、業界ごとのシステム向けに標準化されている分野もあるものの、全体としては標準化等が十分進んでいないことにあります。

このため、企業は、銀行振込みに際して、決済の対象となる取引と確実に突合できるような情報を付記することができないでいます。その結果、振込先の企業の業務処理システムでは、取引に関する情報処理と会計等に関する情報処理が分断されています。

この本では、決済は、取引を完了させる手段であり、当事者が次の取引に取り組むことができるようにするところに経済的意義があると述べてきました。決済のファイナリティが重視される理由は、ここにあります。当事者が振込みと取引を突合できないようでは、経済社会にとって本来のファイナリティは確保されていないと考えざるをえません。

　金融EDIの改善に関しては、流通業界と銀行界で改善のための検討の場が設けられる等の取組みも行われていますが、なお課題が多いことが実情です。また、流通業以外の産業界では、問題の認識自体が十分ではないように思われます。さらに、中小企業を含め海外進出が拡大しているなかでは、これまでの国内業界ベースのネットワークでは限界があります。わが国企業がアジアを中心とするグローバルサプライチェーンに組み込まれているなかで、国際競争力を維持していくためには、クロスボーダーの取引を対象とし、業界横断的なかたちで、商流情報と金流情報を連携させる枠組みを構築していくことが重要だと考えられます。

　この点をふまえて、まず銀行間のネットワークを考えますと、2015年10月に稼働を開始する新日銀ネットでは、振込指図に付記できる情報の量が大幅に拡張されます。全銀システムでは、すでに同様の対応がとられています。したがって、個別の銀行が、このインフラストラクチュアを活用するためのシステム開発を行えば、銀行サイドでは、振込みと取引を突合する際の制約要因がほぼなくなることになります。また、今後、全銀

システムの稼働時間の延長等の措置が講じられれば、企業活動のグローバル化への対応も可能となってきます。

しかし、銀行振込みによる金融EDIには、受取側が取引と突合するための付記情報の入力を、支払側が負担するという構造的問題もあります。こうした受益と入力負担の不一致を調整する方法については、たとえばヨーロッパにおいて、統合された引落しサービスの利用が急増していることが参考になるのではないでしょうか。これまで、わが国銀行の決済サービスでは振込みが主に用いられ、企業の関連システムも振込みを前提としたものになっていましたが、引落しであれば、付記情報の受益と入力負担の乖離が解消されます。

一方、企業の側では、現状では、業界やグループごとにEDIの枠組みがばらばらに構築されていますので、標準化を進めていくことが必要です。企業間の財・サービスの取引について、政府が積極的に標準化を推進することが期待されます。

(4) 24時間リアルタイムの入金通知

消費者向けの電子商取引に関する決済サービスについては、金額が小さい一方、コンピュータの負荷が膨大になると予想されるので、既存の考え方の延長線上では、システム構築の採算性に懸念がもたれるかもしれません。

しかし、図表10に戻って、イギリスのファスターペイメント・サービスの枠組みを仔細にみると、その中心にあるインフラストラクチュアの運用においては、仕向け銀行が送金情報を

発信すれば、顧客の預金口座から資金化されているか等の確認を行うことなく、繰戻し不能としていることが注目されます。わが国のような本残主義はとっていないのです。

　また、システムの運営機関としては、大手銀行11行が直接メンバーとなっています。直接メンバーは、共同拠出によりファスターペイメント・サービスのインフラリスクをカバーするほか、個別の現金担保の差入れを通じて自らの決済リスクをカバーしています。ほかの260行の商業銀行等は間接メンバーであり、直接メンバーからサービスの取次を受けるという構成になっています。これまでのわが国銀行による決済システムのような全行一律の対応ではないのです。

　ファスターペイメント・サービスに基づく決済サービスにおいては、直接メンバーの銀行では、振込先の顧客に対してリアルタイムでの入金通知が行われます。

　この点に関し、わが国における類似のサービスの実現例としては、コンビニエンスストアの収納代行が参考になります。このサービスでは、店頭での現金収納時点で、その事実を速報として直ちに請求企業に送信します。また、速報には、振込票に記された情報が付記されています。

　この結果、請求企業からみると、24時間リアルタイムで収納通知を受け取り、取引情報と突合することができますので、この時点で直ちにサービス提供や予約の完了等を行うことができます。この結果、消費者にもメリットが生じます。たとえば、「携帯電話の料金を払い忘れていたため、通話ができなくなり、

夜中にコンビニエンスストアで支払ったら、直ちに通話できるようになった」というお話を聞くことがあります。一方、コンビニエンスストアからみれば、既存のシステムの応用によるサービスであり、確報段階までの間の信用リスクは、現金を手元に収受していることでカバーされています。

コンビニエンスストアの収納代行の処理手順をイギリスのファスターペイメント・サービスと対比しますと、入金通知をリアルタイムで行うこと、決済に伴う信用リスクを現金担保でカバーすること等において、基本的なコンセプトが一致しています。

消費者向け取引では個別の決済に伴うカウンターパーティリスクが小さいことを考えれば、わが国銀行の決済システムでも、イギリスのファスターペイメント・サービスやわが国のコンビニエンスストアの収納代行に倣い、改善策を検討することに合理性があるのではないかと考えられます。ちなみに、イギリスにおいても小売業による収納代行サービスは存在していますが、銀行の決済サービスへの脅威とはみられていないようでした。

4 決済サービスの改革に向けた取組み

　さて、ここまでご説明してきたようなわが国の決済サービスの課題については、新日銀ネットの有効利用という問題意識を出発点として、まず、日本銀行を中心に議論されてきたものですが、2014年6月には、政府の構造改革の方針の一環として取り上げられるようになりました。

　これを受けて、全国銀行協会は、全銀システムの稼働時間の拡大や金融EDIの活用について、鋭意検討を進め、同年12月には前向きの方針を打ち出しました。また、政府においても、金融審議会では、スタディ・グループの審議をふまえて、さらに制度改正を検討する等、環境整備に向けた議論を重ねています。

　決済については、従来、わが国では、技術的な問題としてとらえられがちでした。しかし、最近では、経済成長にかかわる重要な役割を果たしているという認識が浸透してきました。その結果、各方面で、決済システムの改革に向けた前向きの取組みが進められるようになりました。

　今後のいっそうの進展が期待されます。

第7章 決済システムの将来

1 預金による決済システムの競争環境

(1) 預金による決済と証券決済の競合

　この章では、これまで説明してきたことを振り返ったうえで、決済と金融の将来について考えることとします。

　この本の説明を振り返る第一のステップとして、預金による決済システムと証券決済システムを対比してみましょう。

　まず、金融商品としての見方から、預金と有価証券の関係について考えてみます。なぜ預金の価値が安定していなければならないかという理由は、第3章で説明したように、そうでないと決済システムが円滑に機能しないからということでした。しかし、平時にどんなに価値が安定していても、銀行の経営が破綻したときには、預金の価値は大きく変動します。つまり、預金の価値が銀行間で均等であり、時間的にも安定しているといっても、それは、銀行の経営破綻が生じにくいと考えられていることと等しいのです。

　一般の企業も銀行も同じように経営努力を重ねているのに、なぜ銀行だけは経営破綻が生じにくいと考えられているのでしょうか？　その答えとしては、政府によって厳しく監督されている一方で、預金の引出しに対しては預金保険等のセーフティネットが設けられていることがあげられます。しかし、預

金の価値を安定させねばならないことは、銀行が貸出等でリスクをとって収益を得ようとすることに対する制約にもなっています。政府による監督やセーフティネットと、銀行のリスク回避や低収益とは表裏一体の関係にあるのです。

また、銀行は、決済サービスと金融サービスを結合生産することで収益を得ていますが、その手段である預金の価値は、政府信用によって補完されているのです。銀行の経営からみれば、決済サービスについては情報処理の数量に応じて収益が決まってくる一方で、金融サービスについては、取り扱う金額に応じて、こうした信用補完によるメリットも含めた収益が決まってくることになります。こうした条件のもとで、短期的な経営を考えると、決済サービスについては義務的な提供にとどめ、金融サービスの金額的拡大に重点を置くことが合理的となります。

このように、預金を金融商品としてみれば、政府信用に強く影響されるということが特徴なのです。

一方、決済システムとしての見方から、預金による決済と証券決済を比べてみましょう。第5章で説明しましたように、証券決済システムでは、有価証券の価格変動に対応するため、さまざまな枠組みが設けられており、世界的金融危機の後、これをさらに安全にするための工夫が加えられています。こうした制度整備を通じて、証券決済システムに工夫が加えられれば加えられるほど、預金による決済システムと共通の性格をもつようになってくるのではないかと考えられます。

まず、保管振替機関が電磁記録の振替えにより迅速に決済を行うとともに、中央銀行当座預金とシステム的に連動した処理を行うことをあわせてみれば、有価証券の決済を直接中央銀行当座預金で行うことと、機能的にはほぼ等しくなります。情報通信技術の活用等により、有価証券の取引から決済までの処理時間が短くなっていけば、その違いはさらに小さくなっていきます。

　また、世界的金融危機後の規制強化を通じて、清算機関と中央銀行の果たす役割が次第に類似してきていることにお気づきだと思います。つまり、清算機関が財務基盤を強化して破綻しないようになるということは、中央銀行に近づくことになります。一方、中央銀行が市場型取付けに対応して有価証券を買い入れるということは、市場全体に対する清算機関の役割を代行していることになります。

　こうしてみますと、証券決済システムの安全性強化を推し進めるとともに、情報通信技術の活用等により決済に要する時間を短くしていけば、証券決済システムが預金による決済システムの機能を代替できる可能性が高まるのではないかと考えられます。

(2) 預金による決済システムの国際競争

　この本の説明を振り返る第二のステップとして、取引のグローバル化と預金による決済システムの関係について考えてみましょう。

これまでも、預金による決済システムにおいては、グローバル化への対応が進められてきています。世界的金融危機に際して強く懸念されたことの一つは、国際的に活動する企業や銀行の外貨の資金繰り難でした。そこで、各国の中央銀行は、相互に通貨スワップ協定を結び、自国の市中銀行に対し外貨建てのオペレーションを行いました。たとえば、日本銀行は、円建ての国債を担保としてFEDからドルを借り、わが国の銀行にドル建ての融資をしました。こうした中央銀行間の国際協力の枠組み整備は、危機時の臨時的対応にとどまらず、平時においても積み重ねられています。たとえば、日本銀行はアジアの多くの中央銀行とスワップ協定を結んでおり、その数は年々増加しています。

　また、市中銀行間の国際的な決済についても、枠組み整備が進められています。市中銀行間の国際的な決済は、最終的には各国中央銀行の当座勘定間の振替えにつながります。そこで、日米欧の中央銀行が共通して稼働している時間帯に、各々の中央銀行当座預金間の振替えをDVP処理する「CLS銀行（Continuous Linked Settlement Bank）」が設けられています。従来は、各国の中央銀行のシステムの稼働時間が重なる時間が短かったのですが、新日銀ネットの稼働時間が延長されれば、CLS銀行の稼働が可能な時間帯も広がることになります。

　さらに、第6章では、各国で預金による決済システムの改革が進められていることを説明しました。わが国でも、金融取引のグローバル化に対応して新日銀ネットの稼働時間延長が決定

されたうえで、情報通信技術利用のユビキタス化に対応して、24時間365日利用可能な決済サービスの導入や金融EDIの枠組み整備が図られています。

しかし、取引のグローバル化への決済システムの対応は、これまでの取組みだけでは十分でないと考えられます。

まず、わが国では、今後、これまでの取組みを総合して、銀行と顧客の間のクロスボーダー決済の改革にも取り組んでいく必要があります。この点に関し、アジアにおけるわが国企業の活動と、ヨーロッパにおけるドイツ企業の活動を比べてみましょう。ドイツ企業がヨーロッパの他国の企業と取引する場合には、SEPAのおかげで、すべての域内取引先がドイツ国内にあるかのように決済できますし、統合引落しサービス等により、取引と決済の突合の困難も小さくなっています。一方、日本企業がアジアの他国の企業と取引する場合には、国際決済となりますので、国内決済に比し大きな追加負担がかかります。また、取引と決済の突合は、国内決済と同様、困難です。こうしてみると、ドイツ企業のほうが効率的にクロスボーダー取引を行えることは明らかです。

この問題は、単に企業の売掛金消込みの省力化だけではなく、企業の経営資源の配分効率化を通じ、産業全体の競争力にも影響します。わが国でも、クロスボーダーの取引に対応した決済サービスの改革が不可欠であり、政府や中央銀行には、そのための制度整備や働きかけが求められています。

また、現在、国際的に活動する企業では、グローバルキャッ

シュマネージメントシステムが用いられています。その企業に入金されるさまざまな国のさまざまな通貨建てのキャッシュを統合的に管理し、余剰資金をタイムリーに有価証券等で運用していくシステムです。国際的に活動する銀行は、こうしたグローバルキャッシュマネージメントシステムの提供をめぐり、競争を続けています。国際的に活動するわが国の銀行も、競争力のあるグローバルキャッシュマネージメントシステムの提供が期待されます。

こうしたことを通じ、現在、各国の預金による決済のシステムは、相互に競争状態に入っています。

(3) 決済システムの地位の相対化

預金による決済システムの置かれた環境をみますと、証券決済システムとの競合と、預金による決済システムの国際的競争とは、相互に関連し合っています。たとえば、新日銀ネットの稼働時間が延長された理由の一つは、わが国の午後9時まで国債振替システムを稼働させれば、ヨーロッパでの銀行間取引が始まる時点で、わが国の銀行が国債を担保に供することができることにありました。わが国銀行の国際的な金融取引の優劣にとって、わが国の証券決済システムの整備状況が大きな影響をもっているのです。

また、世界的金融危機後における証券決済システム強化の議論の一環として、清算機関に中央銀行が資金供給を行うことが論じられています。ヨーロッパにおいては、清算機関は法律上

の銀行ですので、流動性危機に際しては、中央銀行借入れを行うことができるのですが、日米の清算機関についても同様の扱いとすべきではないかという論点です。証券取引はクロスボーダーで展開されていますので、そうなると、証券決済と預金による決済の連結されたシステムが国際的に競争していくことになると考えられます。

　こうしたことを併せみていきますと、ある国の預金による決済システムは、その国の証券決済システムや外国の預金による決済のシステムと幅広い競合関係にあることがわかります。経済社会のインフラストラクチュアという観点からみて、国内の預金による決済システムの地位が相対化していくことは、必然的な流れだと考えられます。

2 決済システムと政府

(1) 銀行システムと政府

預金による決済システムが幅広い競合関係に入ったなかでは、その将来を考えるうえで、政府がどのような行動をするかが重要となってきます。

預金による決済システムは、これまで説明してきましたように、政府の緊密な関与のもとで機能しています。政府は、銀行券制度や金融取引に関する法律等、決済のためのルールを定めるとともに、最大の取引当事者として中央銀行の業務にも関与してきました。また、預金の価値の安定を図るため、銀行の経営を監督する一方、預金保険等のセーフティネットを整備しています。さらに、政府の財政収支は、中央銀行による日常的な金融調節の前提となっているほか、アメリカやわが国等では国債が中央銀行による資産買入れの主要な対象とされ、国債発行と金融政策が密接に関連しています。

一方、預金による決済システムを構成する事業者である銀行は、政府信用に支えられることによって、一般企業よりも安定した経営を確保しています。つまり、預金が銀行に安定的に預けられる理由は、いつでも銀行券として引き下ろせることと、預金の価値安定に政府が強く関与していることにあります。銀

行は、主として要求払いの債務を負っているにもかかわらず、取付発生のおそれが抑制されているのです。

とりわけ、わが国では、政府信用に依存する度合いが強いとみられます。銀行券については、発券銀行である日本銀行の資産のほとんどが、政府信用に基づいて発行される国債です。また、預金に対するセーフティネットの最終的な拠り所は、金融危機に際して、多額の財政資金が預金保険機構に投入されたことに示されるように、政府信用にありました。

銀行が政府信用に依存していることは、逆に、政府が信用を失墜させると、銀行の経営が不安定となり、預金を通ずる決済システムも機能不全になることを意味しています。ヨーロッパ信用危機の時期のギリシアではそうした事態が生じました。ギリシア国債の価値が暴落すると同時に、ギリシアの銀行システムも不安定になりました。この結果、ギリシア企業と外国企業の取引の決済は、市中銀行を通らなくなり、ギリシア中央銀行がECB（欧州中央銀行）にもつ当座勘定を経由した処理に集中していったのです。

(2) 政府による取引規制

一方、政府は、預金による決済システムが経済のインフラストラクチュアであることに着目し、預金取引にさまざまな規制を課しています。

その例としては、まず、税務当局等による銀行調査があげられます。人々の取引の決済は、基本的に預金の入出金として記

録されています。仮に、税務申告書に記載されていない収入があるのではないかと考えたとすると、その人の預金の動きをみれば、その時期に入金が記録されているかどうかで確認できるはずです。そこで、政府は、銀行に対し、税務署員が預金の取引記録を閲覧することに応ずる義務を課しています。

　また、預金取引への規制を犯罪抑制の手段とすることもあります。いわゆるマネーロンダリング規制がこれに該当します。ドラマ等をみると、犯罪に伴う決済には銀行券が用いられるのですが、現実には、高額になれば物理的に隠ぺいが不可能ですし、クロスボーダー等の輸送には困難が伴いますので、あまり有効な手段とは考えられません。組織的な犯罪を念頭に置いた場合、預金による決済システムを規制対象とすることには、かなりの抑制効果があると考えられます。

　さらに、クロスボーダーの決済については、国内決済にはない規制が課されています。その例としては、国際的制裁の一環として、特定の者との決済が禁止されることがあります。さらに、わが国では、有事の規制に対応できるようにする等の理由から、平時から外国為替取引等には報告が義務づけられています。

　こうした規制は、政府がその役割を十分に果たしていくためには必要なものと考えられます。しかし、取引を行う人の立場からすれば、効率性を阻害する要因となります。たとえば、外国為替取引の報告義務等は、クロスボーダーの決済をネッティングにより効率化することには障害となります。そうしたニー

ズの大きな国際的企業は、報告義務等の課された国の預金による決済システムを回避するものと考えられます。規制と効率のバランスをとることは、きわめてむずかしい課題です。

(3) 金融政策と財政規律

　金融政策は、預金を通ずる決済システムが経済のインフラストラクチュアであることを利用して行われている需要管理政策です。第1章で説明したように、実質金利は長期的には自然利子率に収斂します。しかし、経済の総需要が供給力を下回っている場合には、中央銀行が金融商品を多めに買い入れて名目金利を引き下げる金融緩和が行われます。この間に、第1章で説明したような予想物価上昇率が低下しなければ、名目金利の低下は実質金利の低下につながり、その時点の総需要を拡大する効果をもちます。

　この効果を、預金による決済システムの機能に沿って確認しますと、決済の時期を将来に先送りできる金融商品が割安に供給されることで、取引が行われる時期をより前倒しにできるようにするということになります。つまり、金融緩和は、需要の発生時期を前倒しする効果があります。

　こうした金融緩和の効果は、民間の企業や個人に対しては当然有効だとされていますが、政府に対しても、経済合理性の面だけを考えると同様に有効なはずです。もちろん、政府の行動は政治プロセスにより決まってきますので、実質金利が低下しても、政府だけは影響されないという可能性もあります。しか

し、そうではない可能性も十分にあることは、ユーロ導入により国債の金利が低下した時期の南欧諸国の財政運営をみれば明らかです。むしろ、需要管理政策の運営という観点からすれば、金融緩和が進められているときは需要不足なのですから、財政面でも景気刺激のための投資等が行われることが自然だと考えられます。

　一方、金融緩和には、実質金利を自然利子率以下に引き下げるための費用がかかります。預金による決済サービスを提供する銀行システムの収益が、そのための財源です。この関係は、とりわけ中央銀行で、金利引下げが収益を減少させるというかたちで明確に現れます。短期的な収益水準をみれば、金融緩和の当初は、中央銀行の資産残高が大きくなりますので、一時的に増大します。しかし同時に、自然利子率以下の実質金利で資産を購入することによる潜在的損失がふくらんでいます。つまり、将来、金融緩和が成功して総需要と総供給が一致してくれば、実質金利は自然利子率の水準に上昇しますので、購入した金融商品の価格が下落し、中央銀行に損失をもたらすのです。

　もちろん、金融引締め時には、以上で説明したことと逆のことが起こります。長期的にみて金融緩和と金融引締めが同程度行われるのであれば、銀行システム、とりわけ中央銀行の損益に対して、金融政策は中立的になるはずです。また、先ほど説明した潜在的損失についても、引締めに転じても買い入れた資産を売却せずにすませれば、会計上は損失として認識することを避けられます。こうしたこともあり、伝統的な金融政策では

短期の金融商品を買い入れてきました。

　しかし、外部からの金融政策への期待は、非対称であるかもしれません。借入れにより資金を調達して事業を行う企業にすれば、金融引締めに比べて金融緩和を歓迎することが自然です。とりわけ先進国のように自然利子率が低下しつつある場合、企業からみれば、売上げに縮小圧力がかかっている原因が供給サイドにあるのか需要サイドにあるのかは、必ずしも明らかではありません。そこで、何はともあれ、需要拡大につながる金融緩和を求める声が強くなるおそれがあります。

　仮に金融政策が長期的に緩和に偏った場合には、預金による決済システムには二つのリスクが生じます。一つは、銀行システムの収益が減少傾向をたどるということです。これは、直接には中央銀行の国庫納付の減少等を通じて政府の財政に悪影響を与えますし、長期的には銀行の収益減少を通じて金融システムを脆弱化させます。

　もう一つは、政府に対し、歳出の前倒しに向けた誘因をもたらすことに伴うものです。これは、政府の財政規律いかんでは、国債残高の累増につながるリスクがあります。その場合、さらに、国債費を抑制するために、よりいっそう金融緩和に偏った金融政策を政府が期待するおそれもありえないことではありません。万が一、こうした期待に中央銀行が従うということがあれば、金融市場において「財政ファイナンス」とみなされ、政府信用が失われてしまいます。その際には、先ほど説明したように、預金による決済システム全体が機能不全に陥るこ

とになります。

　このように、現在の経済社会では支配的なインフラストラクチュアである預金による決済システムも、ほかの決済システムとの競合にさらされているうえ、政府との関係でもリスクを抱えています。状況いかんによっては、預金による決済システムが現在享受しているネットワークの外部経済効果が失われるおそれもないではありません。

3 暗号通貨の挑戦

(1) 情報の自律分散処理とセキュリティ

さて、近年、ビットコインをはじめとする暗号通貨が注目を浴びています。取引所の破綻等の問題はありましたが、ビットコインの利用自体は拡大を続けているようです。外貨両替商が破綻したからといってドルの利用が減少しないことと同様の動きだとみられます。また、ビットコインのほかにも、類似の技術を用いたものが続々と創出されているそうです。これらは、総称して「暗号通貨」と呼ばれています。

暗号通貨について説明するためには、情報通信技術にさかのぼる必要があります。私は情報通信技術の専門家ではありませんし、この本では、こうした技術の内容の説明は省略せざるをえません。しかし、その効果として、情報の「自律分散処理」を進める手段となっているということは、説明を進めるうえで重要ですので、以下で最小限の確認をしておきます。

コンピュータの分野では、情報を処理するハードウェアの能力向上と並んで、情報通信における暗号利用の拡大が続いています。かつては、コンピュータによる情報処理に際しては、不特定の人がかかわる情報についても、情報セキュリティの厳しく管理されたセンターのコンピュータで集中して行うことが多

かったのです。しかし、現在では、不特定のコンピュータを用いて、情報の自律分散処理を行うことが一般的になりました。これは、「公開鍵暗号」や「ハッシュ関数」という一方向からの計算は容易だが逆算が困難な処理に基づいた情報処理技術を用いて、情報セキュリティを確保することにより可能となったものです。たとえばインターネットを通じたメッセージのやりとりを考えますと、途中でさまざまなコンピュータを経由しますので、改ざんを受けたり偽造されたりするリスクが大きくなります。しかし、メッセージが暗号化されていれば、暗号鍵をもつ正当な権限者だけがその内容を知ることができます。また、インターネットではなりすましのリスクも大きいのですが、暗号技術を逆方向に用いることでメッセージの発信者を特定することができます。

　自律分散処理のもとでは、利用者の端末でのセルフサービスによって情報セキュリティが確保されること等により、サービスを提供する企業の費用が著しく節約できるようになります。

　自律分散処理が中央集中処理に比べて経済的にいかに有利かについては、インターネット電話で国際通話をしてみれば痛感されます。かつての国際電話は、料金がきわめて高額であり、個人ではごく限られた場合にしか利用できませんでした。しかし、現在のインターネット電話では、無料でいくらでもクロスボーダーのテレビ電話を楽しむことができます。これは、かつての国際電話では、当事者間の回線の接続を確保して会話を行うので、交換機や交換手の確保に大きな費用がかかったのに対

し、インターネット電話では、会話をパケットとしてネットワークに送り出すので、交換機等に要する費用が不要となっているからです。

　こうした経済性から、現在では、多くの企業がインターネットを通じて取引を行うことに重点を置いています。特にクロスボーダーでインターネットを用いれば、きわめて有利に事業を行うことができます。その結果、インターネットを通じて提供される国際的サービスが急増しており、これをさまざまな端末等で利用する消費者が増加しています。

(2) 電子マネー

　このように、経済取引全般で情報の自律分散処理が拡大してきたなかでも、現状の預金による決済システムは、その根幹部分が中央集中処理により運行されています。これは、障害が発生した際に、中央集中処理であれば情報処理の記録を点検することもできるし、部分的に人手でバックアップすることも容易だという理由によります。このほか、かつて開発されたシステムがレガシーとなっていることもあるかもしれません。わが国では、それに加えて、第6章で説明したような極度に堅実な処理手順としていることも影響していると考えられます。その結果、預金による決済システムにおける情報処理には、高額の費用がかかっています。

　そこで、決済についても、消費者向けの分野を中心として、暗号技術等を活用した自律分散処理によりサービスを提供する

事業者が参入してきました。これは、銀行は、高額の銀行間決済について情報セキュリティの確保に万全を期さなくてはならないことの延長で、対顧客を含む決済全般についても費用のかさむ処理を行うのに対し、消費者向け決済に特化した事業者では、そうした処理を行わないからです。

これらの事業者では、ICカード等を活用し、利用者のセルフサービスによる自律分散処理を徹底しています。このような事業者の提供する決済サービスは、「電子マネー」と呼ばれています。わが国では、交通機関や小売業による電子マネーが拡大してきました。これは、以上の点に加え、切符の販売や顧客情報の収集等で、交通サービスや流通サービスとの結合生産が有効であることによります。

しかし、電子マネー事業者は、なお、預金や銀行券により電子マネーを買ってもらうという枠組みをとっています。したがって、これまでの電子マネーには、銀行券や預金による決済システムを代替する可能性がありませんでした。

(3) 暗号通貨による決済

これに対し、暗号通貨には、決済システムを構築するうえで、銀行券や預金を代替する可能性があります。これまで、預金による決済システムの地位が相対化してきたこと、政府との関係でリスクを抱えていることを説明してきましたが、暗号通貨による決済システムは、こうした問題点に関し、既存の決済システムに対する明確なアンチテーゼとなりうるのです。

この点を考えるために、まず、ビットコインによる決済の仕組みを概観しましょう。ビットコインが基礎としている情報セキュリティの技術を、これまでの電子マネー等と対比しますと、公開鍵暗号やハッシュ関数を応用してなりすまし等の脅威に対処している点は同じですが、「Ｐ２Ｐ」（Peer to Peer）という、ネットワーク上で対等な関係にある端末間を相互に直接接続する通信技術を応用して二重譲渡による偽造を防止する点で異なっています。

　具体的には、図表13で示したように、それまでの取引に関する情報をハッシュ関数で処理した情報（ハッシュ）をつくり、取引にあたっては、それに送金者の署名を付け加えていくことで、取引の正当性を確認できるようにしています。そして、その取引はＰ２Ｐを用いて公開し、一定の時間、ネットワーク参加者による確認が可能な状態におきます。そして、仮に同様の確認作業が複数行われた場合には、取引の確認履歴の長いほうを正しいビットコインとするというルールを設けています。

　他方、新たなビットコインを獲得するためには、一定の時間内に、既存のビットコインよりも多くの回数の確認作業を行ったとみなせるような情報処理を行うことが条件とされています。これは、「マイニング」と呼ばれており、非常に大きな情報処理能力が求められています。

　ビットコインの枠組みでは、マイニングを通じて、より多くの確認作業を積み重ねる誘因を与えることで、二重譲渡による偽造を防止する効果をもたらしています。つまり、偽造を行お

図表13　暗号通貨の情報セキュリティ
［暗号通貨の取引と確認］

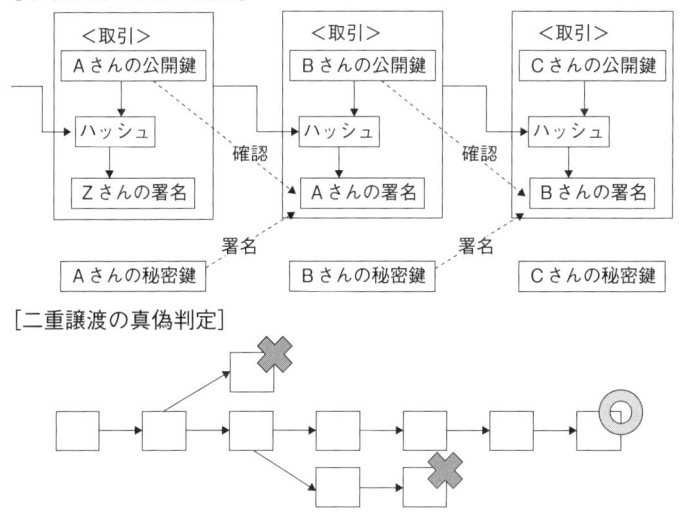

［二重譲渡の真偽判定］

うとする人は、マイニングを行おうとする人に対し情報処理能力で優位に立つ必要がありますが、その場合には、わざわざ偽造をせずとも、新たなビットコインをもらえばよいのです。また、偽造通貨を回避しようとする人は、確認履歴の長さを点検すればよいのです。

　このように、ビットコインは、利用者が情報セキュリティの確保に自発的に貢献する枠組みを設けることで、決済における情報の自律分散処理を徹底したものなのです。この枠組みでは、マイニングと確認を積み重ねていくことで、偽造に必要となる情報処理能力が引き上げられ、情報セキュリティが確保さ

れるものとされているようです。マイニングが停止された後でも、現在の銀行券で行われているような仕様の切替えは予定されていないようです。

(4) 暗号通貨と銀行の決済サービス

暗号通貨が拡大している理由の一つは、情報の中央集中処理を基本として銀行が提供している決済サービスが、自律分散処理にシフトしている顧客のニーズに十分対応できていないことにあると考えられます。もっとも、銀行も単に現状に安住しているわけではありません。第6章で説明したように、社会的枠組みについては、決済サービスの改革に向けた取組みが鋭意進められています。こうしたなかで、個別の銀行としても、レガシーシステムから脱却し、情報通信技術の進歩の成果を活用していくことが望まれます。決済では人々の信頼が不可欠ですので、実績のある銀行が真剣に取り組んでいけば、支配的インフラストラクチュアとしての地位を保つことは十分に可能だと考えられます。

私としては、こうした取組みの一環として、暗号通貨の基礎となるシステムを銀行の決済サービスの提供に取り入れることを検討してはどうかと考えます。これまで説明したように、預金による決済は、銀行が情報を集中処理していることで、情報セキュリティの確保等に要する費用がきわめて高くなっています。一方、暗号通貨では、偽造の防止についても、利用者のセルフサービスによる自律分散処理に基づくシステムとしていま

すので、費用は格段に低いものとなっています。預金の情報更新等では、第2章で説明しましたように、内部者や委託先による不正行為のおそれもないわけではないのですから、中央集中処理は経済性で劣らざるをえません。そこで、銀行と顧客の間の情報通信について、暗号通貨のシステムを導入することが考えられます。

　具体的には、まず、現在の硬貨や銀行券と同様、顧客間で少額の決済を行ったり、銀行に持ち込んで預金残高を増減させたりする手段として、暗号通貨のシステムを用いることを検討するのです。

　暗号通貨による決済を、銀行券による決済と比べると、偽造を防止する具体的な技術について、銀行券が紙という物理的な媒体の工夫に依存しているのに対し、暗号通貨は電子媒体における確認履歴の情報量に依存しているところが異なります。

　しかし、技術だけで偽造を完全に不可能にするのではなく、取引当事者に偽造を検出する誘因を与え、偽造が経済的に不合理となるような枠組みを設けていることは共通しています。また、ビットコインでは、偽造を検出する最後の砦が特定されていませんが、この点も決定的な相違ではありません。仮に政府が制度を改正し、中央銀行が現状の硬貨と同様に暗号通貨を取り扱うようになると想定すれば、やはり真偽を点検し、偽造を発見すれば持ち込んだ取引先の銀行に返却することになると考えられます。そうなれば、銀行や商店も暗号通貨の確認履歴が十分長いかどうかを慎重に点検することになるでしょう。そも

そも、現在の銀行券でも、中央銀行だけが偽造券の検出を行っているわけではないのです。

また、国際的な決済サービスに暗号通貨のシステムを取り入れることが検討課題になると考えられます。預金による国際的な決済では、国内決済における情報処理に伴う費用に加えて、為替相場の変動に伴う清算作業や、相手国の銀行システムでの情報処理等が加わること等により、きわめて高い費用がかかっています。

そこで、預金による決済システムでも、国際的な決済に暗号通貨のシステムを導入することとすれば、かなり競争力を向上させることができると考えられます。インターネット電話がかつての国際電話に置き換わっているように、暗号通貨による決済システムは、桁違いに低い費用ですみますので、これまでの国際送金のシステムを置き換えていく可能性があります。

現在は暗号通貨のシステムの揺籃期ですので、こうした検討課題は、銀行からみて現実的な選択肢というわけではないかもしれません。しかし、経済取引全般が情報の自律分散処理にシフトしていくなかで、競争力のある決済サービスを提供していく観点から、検討してみてはどうかと考えられます。

なお、この点に関しては、日本銀行は、決済システムを運営する立場から暗号通貨に大きな関心をもっていくという方針を表明しています。どのような研究課題に取り組むにせよ、その成果が期待されます。

他方、わが国政府は、暗号通貨への対応について、より問題

意識をもつようになることが不可欠だと考えます。政府には、預金の価値の安定、決済サービスにおける公正な競争の促進、国際的な決済の管理等により、経済社会における決済システムの機能を改善していく役割があるからです。

仮に以上で述べたような枠組みが円滑に機能すれば、決済サービスに関する情報の中央集中処理と自律分散処理の役割分担が、利用者の選択により決まっていく環境が整うことになります。これは、経済社会における情報処理能力の配分の効率化を通じ、効用を高めていく効果をもちます。また、その過程で、経済の供給力を高めていくものと考えられます。

(5) 暗号通貨による決済システム

ここまでは、顧客が預金による決済システムにアクセスする手段として、暗号通貨の基礎となるシステムを用いることを考えてきました。つまり、決済システムの中核である銀行間決済は、従来同様、情報の中央集中処理により運行されるということです。

しかし、顧客との決済について、システムの利用にとどまらず、暗号通貨の受払いにより処理することが経済合理的であるとみられるようになった段階では、銀行間決済についても、暗号通貨のシステムを用いて処理することが考えられるようになります。その場合には、銀行によって構成される預金による決済システム全体と競合するものとして、暗号通貨による決済システムが形成されることになります。長期的な将来を考える

と、どちらが支配的な地位を得るでしょうか？

　これを考えるために、まず、金融商品としての預金と暗号通貨を対比してみましょう。預金については、価格変動に伴う清算が不要なことで決済システムの効率的な運行が可能である一方で、政府は、預金を自らの負債とする銀行の経営を監督したり、預金の保有者にセーフティネットを提供したりしています。これに対し、暗号通貨は、マイニングに基づく資産なので、政府としては、発行者に対する監督はありえません。暗号通貨の保有者に対するセーフティネットの提供も困難です。したがって、暗号通貨は、一般の資産と同様、価格が変動することになります。既存の金融商品のなかでは、有価証券や外貨預金に類似しています。

　そうした金融商品の決済システムとしては、暗号通貨の受払いに一定の費用がかかること、価格変動を清算する必要があることから、メッシュ型ではなく、ハブ＆スポーク型のネットワークとなることが考えられます。つまり、顧客は、手持ちの暗号通貨の管理を事業者に委託し、事業者間の決済では、中央のカウンターパーティとの受払いを行うという枠組みです。これは、既存の証券決済システムに類似したネットワークです。ただし、暗号通貨においては、自律分散処理で情報セキュリティが確保されていますので、保管振替機関を設ける必要がないことが異なります。

　こうした暗号通貨による決済システムと預金による決済システムを対比しますと、自律分散処理と中央集中処理という基礎

的な技術の差異があることに加え、社会的な枠組みの面で、暗号通貨では清算に係る費用、預金では政府の関与に伴う費用がかかってくるという差異があります。

　これを評価しますと、技術面については、ハブの部分の決済では、件数が相対的に小さい一方、1件当りの金額が高額なので、顧客に対する決済におけるほど、自律分散処理の経済性が決定的な差異をもたらしません。暗号通貨による決済システムと預金による決済システムの経済的優劣は、暗号通貨の価格変動と銀行の経営に対する政府の関与という社会的な枠組みの対比によることになります。

4 暗号通貨の価値

(1) 暗号通貨の価値の安定化

　それでは、暗号通貨の価値は安定化できるのでしょうか？
この論点は、きわめて興味深いものであり、学識者の間では、突き詰めた議論が開始されています。私は、それに寄与するだけの学問的蓄積はありませんが、この本で説明してきたことをふまえて、以下では、自分なりの問題意識を述べておきたいと考えます。

　まず、ビットコインの枠組みを振り返ってみますと、その核心であるマイニングの考え方は、情報セキュリティの維持に大きな情報処理能力を投入する人に価値を与えるものです。そして、マイニングに必要となる情報処理能力は、技術進歩を勘案して、時間の経過とともに増大していくものとされています。他方、マイニングに成功した人に与えられるビットコインの数は、次第に小さくなっていくこととされており、ビットコインには、一定の発行上限が設けられています。これによって、過剰発行に伴うインフレーションのリスクを防止するとされています。

　しかし、現在の金融システムをみますと、銀行券の残高や発行額と物価の水準や上昇率は安定的な関係にはありません。銀

行券の発行を制限しても、商店等における取引が不便になるだけで、ほとんどは電子マネーやクレジットカードを通じて、預金による決済に代替されてしまいます。仮に銀行券がすべてビットコインに置き換わったと想定してみても、ビットコインの発行制限がビットコイン建てでみた物価上昇率を操作することにつながる可能性はあまりないと考えられます。

また、仮に、現在の預金がすべてビットコインに置き換わったと想定してみても、ビットコインの発行制限によりビットコイン建ての物価上昇率を操作することは簡単ではありません。金融政策に関して第4章で説明したように、デリバティブ等の金融革新に伴って、預金等の残高と実体経済活動の関係は安定的でなくなっています。仮に預金の増加額を直接操作できたとしても、それが物価上昇率の変動に安定的な関係をもつわけではないのです。

したがって、暗号通貨の価値の安定化については、ビットコインで採用されている枠組みとは別に、あらためて考えていく必要があります。

この点について、現在の金融政策から類推しますと、暗号通貨の価値を安定させる政策手段として、暗号通貨建ての金融商品の短期金利を操作することが考えられます。しかし、負債である預金と異なり、暗号通貨はマイニングによってつくりだされる資産ですので、中央銀行が金融調節の延長線上で需給を調節することはできません。マイニングにより暗号通貨を獲得できる基準を変化させることにより、マイニングを行う人の誘因

に働きかけ、その結果、暗号通貨の発行額が変動することで金利が変動するという方法によることになります。

それでは、金融商品の発行額と金利は、どのような関係にあるのでしょうか？

一般的な実質金利は、長期的には、経済社会の供給力の増加率である自然利子率に収斂してくると考えられますが、個別の金融商品の名目金利は、その金融商品の需給によって影響されます。この点について、暗号通貨と国債を対比しますと、経済取引に伴う需要が異なると考える理由は見当たりません。一方、供給側をみますと、暗号通貨の発行額は、マイニングの基準となる情報処理能力と情報通信技術の進歩との相互関係で決まってくる一方、国債の発行額は、将来の財政運営によって決まってくるという差異があります。そのどちらが物価の安定に寄与すると考えるかは、経済社会の情報処理能力を的確に測定していくような枠組みを設計できるか、政府信用が長期にわたって安定しているかという見通しにかかってくることになります。

(2) 情報処理能力本位制の決済システム

さて、この本では、最初に、人々が分業の利益を得るために取引が不可欠であり、取引が機能するためには情報処理の費用を節約する枠組みが必要だと述べました。そして、決済の意義については、そうした枠組みが機能するための前提となるものであると説明しました。つまり、決済システムの価値は、的確

に機能しているのであれば、分業を行うための情報処理費用に対応したものとなるはずです。

　こうして考えますと、決済システムの将来に向けた構想としては、経済社会の情報処理能力の増大に比例して発行額が決まるような暗号通貨を設計することが考えられます。つまり、最も効率的な分業が行われる社会では、分業をより精密に行うことによる効用と、それに投入される情報処理能力は一致しているはずです。一方、情報処理能力の他の財・サービスに対する相対価格は、技術進歩により逓減を続けています。そこで、暗号通貨のマイニングに必要な情報処理能力が技術進歩に比例して増大していくような枠組みを設けることが考えられます。こうした暗号通貨による決済を行えば、時点の異なる生産活動に対する攪乱を防ぐことになります。

　これと対比するために、まず、銀行券による決済を振り返ってみましょう。かつては、取引の決済に金貨等が用いられた時期がありましたし、金の価値に基づいて発行される銀行券が用いられた時期もありました。しかし、金本位制のシステムは、取引とは関係なく決まってくる金の産出量によって経済が攪乱されるという弊害があったうえ、取引が増加していくに伴って金が足りなくなって維持困難となりました。そこで、独立した中央銀行が、自らの資産に見合って銀行券を発行する制度となったのです。そして、政府信用に基づく国債が、中央銀行の保有する資産のなかで大きな比重を占めるようになりました。

　また、預金による決済についてみますと、この本で繰り返し

述べているように、預金の価値の安定は、政府による銀行経営の監督とセーフティネットの提供によって補完されています。一般の企業に比して銀行の経営が破綻しにくいと考えられている理由は政府信用にあるのです。

以上をふまえれば、現在の銀行券と預金による決済システムは、政府信用本位制とも呼ぶべきものになっています。

これに対し、ここで考えている暗号通貨による決済システムは、情報処理能力本位制とも呼ぶべきものです。こうした暗号通貨による決済システムが形成されれば、現在の政府信用に依存した決済システムの欠点を補正する機能を提供できるのではないかと考えられます。

この点に関し、まず、暗号通貨を取扱う事業者の経営を考えますと、暗号通貨は政府信用に基づくものではありませんので、金融サービスとの間で、先ほど述べたような偏りは生じません。経済合理的な経営が行われれば、顧客のニーズに応じた決済サービスが提供されるようになるはずです。

また、その価値については、情報通信技術の進歩はグローバルに共通ですので、外国為替相場の振れに伴う問題を補正することが期待されます。現在のわが国経済をみますと、円ドル相場の変動が人々の経済活動に大きな影響を与えています。円ドル相場は、両国の金利差等によって影響を受けるのですが、両国の中央銀行は、自国の物価や実体経済の状況に応じて金融政策を運営します。したがって、円ドル相場が持続的に安定した水準となる可能性は大きくありません。金融政策は、人々が長

期的な効用を最大化できるように物価の安定を目指して行われるのですが、結果として、クロスボーダーの取引を行ううえでの不確実要因をもたらしている面もあります。

ここに、特定の国における経済状況等に左右されずに、情報処理能力本位制で価値が決まってくる暗号通貨の意義があります。現状では、アメリカの金融システムが不安定化してFEDが資産買入れを急増させれば、円高方向の振れが生じますし、アメリカの需給ギャップが縮小してFEDが資産買入れを縮小させれば、円安方向の振れが生じます。こうした振れは、わが国経済に攪乱をもたらします。しかし、情報処理能力本位制の暗号通貨がいわば座標軸となって、円の価値が決まってくるのであれば、そうした攪乱要因を除くことができます。

こうした議論をすると、ビットコインの価格が激しい騰落を示していることを問題点として指摘する方もいらっしゃるかもしれません。しかしそれは、市場流動性が十分でないことによる面もあると考えられます。金融商品について前述しましたように、有価証券の市場と証券決済システムとは表裏一体の関係にあります。暗号通貨についても、同様のプロセスを経て、市場が整備されていくことは可能だと考えられます。

また、暗号通貨の価格を何で測るかという論点もあります。ここで考えている暗号通貨のドルで測った価格が変動しているとしても、それはドルの価値が情報処理能力に見合ったものになっていないことの反映かもしれません。

現状の説明に戻りますと、決済システムと政府の結びつきに

伴う問題を克服するための歴史的な取組みがユーロの導入です。しかし、ユーロの導入は、決済システムの統合については成果をあげているものの、南欧諸国における政府信用の危機という大きな副作用を生じています。これは、ユーロ建ての預金の価値がヨーロッパ全体としての政府信用によって裏付けられている一方で、各国の銀行システムは各国政府によって監督されており、各国政府の独自の財政運営と密接な関係をもっているからです。その結果、個別国の政府信用の危機が高まった時期には、クロスボーダーの決済システムの機能が中央銀行に集中してしまうという事態に至りました。

そこで、ユーロ圏では、銀行監督の統合を進めていますが、現実に運用が軌道に乗るまでには、紆余曲折が予想されます。さらに、金融政策の運営にあたっても、たとえば国債を購入するオペレーションに関し、対象選定やリスク分担について難問が生じています。

ここでさらに振り返っておきたいことは、第3章で説明したネットワークの経済的性質と決済システムの関係です。ここでは、預金による決済システムには、ネットワークの外部経済効果や費用逓減の法則が働くことを説明しました。その際、政府は、決済のためのルール形成、取引当事者としての活動、決済手段の価値の表示に対する信認確立等で一定の寄与を果たしてきたことを説明しました。

そうだとしますと、ここで考えている暗号通貨による決済システムについても、決済のルールづくり等で政府が適切な役割

を果たすのであれば、ネットワークの経済的性質に沿って自生的に組織化していくことは、あながち荒唐無稽ではないといえるかもしれません。

　これをユーロ圏における取組みと比べると、どうでしょうか？　ユーロのもとでの決済システムの統合は、最終的には、各国の財政運営にかかわってきますし、既存のシステムに依存している人々の生活にも影響しますので、簡単な課題ではありません。また、その副作用に関しては、銀行監督が統合されたとしても、各国の財政運営が異なるままであることに伴って、次の課題が生じてくると考えられます。さらに、各国政府と中央銀行の間でも、長期的に人々の効用を最大化していく決定が行われるかどうかはわかりません。

　この点、情報処理能力本位制による暗号通貨による決済システムが自生的に形成され、各国の決済システムに対する座標軸として機能していけば、情報通信技術の進歩に真に対応したグローバルな決済システムが形成されるのではないかと期待されます。

　この考えは、現時点では夢物語にすぎませんし、将来においてもその実現可能性は大きくありませんが、各国政府が協力して世界共通の通貨がつくられる可能性と比べれば、小さくはないと考えます。

■むすび

　この本では、「決済から金融を考える」という、金融に関する一般の議論の仕方とは異なる角度からの説明を行ってきました。

　金融に関する法律論では、通例、まず政府によって法定された通貨があり、次いで、通貨の発行主体としての中央銀行や金融システムの中核としての市中銀行があります。かつては、こうした制度に基づいて銀行が行う為替業務という位置づけで決済が論じられていました。また、金融に関するマクロ経済学では、通貨の機能は所与であり、金融政策は通貨の需給を操作することによって実体経済や物価水準に影響を与えるという議論が行われています。

　しかし、私は、自らの仕事を通して、現実に対応するためには、逆方向で考える必要があると痛感してきました。つまり、経済活動において果たす機能から、制度や組織を考えていくというアプローチです。

　そうした経験としては、まず、かつて、預金金利の自由化を担当していた時期のものがあります。私の担当時期に、金利自由化措置が完了したのですが、その結果、これまで政府によって示された金利と商品性のメニューに従うだけであった預金という金融商品について、商品設計が自由になってしまったのです。その当時の大蔵省は、金融制度上、預金の商品性をなんらかの方法で規定する必要があるという考え方だったのですが、

有識者にいくら議論を重ねてもらっても、その方向で結論を得ることはできませんでした。いまから考えれば当然のことであり、預金にかかわる法制度は、経済活動のなかから自生的に生じたシステムを前提としたものにすぎないのです。

　次に、金融機関の連続破綻に際し、金融危機対応策の企画立案を行っていた時期のものがあります。この時期には、金融不安を和らげるために、日本銀行がかつて例をみない金融緩和を行っていたのですが、企業金融の現場では、極度の信用収縮が生じていました。預金通貨の価値の表示に疑念がもたれてしまえば、その需給をいくら緩和しても、決済システムが機能障害を起こしているので、経済取引が円滑に行われないのです。問題の解決のためには、銀行の情報開示に対する信頼を回復することが先決でした。

　さらに、近年では、日本銀行で、決済システムや中央銀行業務を所管する部局を担当し、外国における関連分野の状況について調査を行ったことによるものがあります。ここでは、特にヨーロッパにおける通貨統合に際し、ユーロ銀行券の印刷や監査を担う産業の再編、ユーロ圏の銀行間決済システムの整備、ユーロ建ての顧客間送金ネットワークの統合等、広範な分野での実務的取組みが行われていることに強い印象を受けました。報道で取り上げられるようなECBの政策運営は、こうした大きなシステムの土台のうえに成り立つ氷山の一角なのです。

　こうしたことから、私は、金融については、人々が効用を高めていくための手段としての決済サービスを考え、それを前提

として金融サービスを結合生産する銀行システムを考え、そのうえで法制度等を整備する政府の役割を考えるという機能面からのアプローチが必要だと考えるようになりました。市中銀行、中央銀行、政府といった組織は、その時々の必要を満たすための流動的な存在と考えるのです。現実に、歴史を振り返ってみても、市中銀行の設立が自由であった時期もありますし、中央銀行が存在するようになった時点もごく最近です。また、現在も、決済システムと政府の関係は、国によりさまざまです。わが国における現在の制度や組織を固定的に考える必要はありません。

　現在、わが国経済は、急速な生産年齢人口の減少のもとで莫大な財政赤字を抱えており、経済取引のグローバル化が進展するなかで、これまでと同じことを続けていては、窮地に陥らざるをえない状況にあります。こうした困難を乗り越えていくためには、さまざまな分野について、既存の制度や組織にとらわれず、抜本的な見直しを進めていくことが肝要だと考えます。

　決済と金融についてここで述べてきたような機能面からのアプローチが、さまざまな分野での改革を考えていただく際の参考となれば幸いです。

【参考文献】

青木周平「決済の原理―決済についての入門講義」（日本銀行のHP、2001年）

岩村充
　「貨幣の経済学―インフレ、デフレ、そして貨幣の未来」（集英社、2008年）
　「貨幣進化論―「成長なき時代」の通貨システム」（新潮社、2010年）

カストロノヴァ，エドワード「「仮想通貨」の衝撃」（伊能早苗・山本章子訳、株式会社KADOKAWA、2014年）

木下信行
　「電子決済と銀行の進化」（日本経済新聞社、1997年）
　「改正銀行法」（日本経済新聞社、1999年）
　「銀行の機能と法制度の研究―日米の金融制度の形成と将来」（東洋経済新報社、2005年）
　「金融行政の現実と理論」（金融財政事情研究会、2011年）
　「電子マネーと取引費用および法律」（法学セミナー、1997年9月）
　「情報通信技術の革新と金融システムの進化」（フィナンシャル・レヴュー、1999年6月）

金融情報システムセンター「金融情報システム白書」（財経詳報社、2014年）

金融審議会「決済業務等の高度化に関するスタディ・グループ」の議事資料（金融庁のHP）

黒田巌「通貨・決済システムと金融危機」（中央大学出版部、2013年）

コース，R. H.「企業・市場・法」（宮沢健一・後藤晃・藤垣芳文訳、東洋経済新報社、1992年）

サイモン，ハーバート A.「システムの科学（第3版）」（稲葉元吉・吉原英樹訳、パーソナルメディア、2001年）

白川方明「現代の金融政策―理論と実際」（日本経済新聞出版社、2008年）

須藤修・後藤玲子「電子マネー」(筑摩書房、1998年)
全国銀行協会「全銀システムのあり方に関する検討結果について」(2014年12月)
中島真志・宿輪純一「決済システムのすべて(第3版)」(東洋経済新報社、2013年)
日本銀行
　「日本銀行の機能と業務」(日本銀行のHP)
　「業務概況書」(日本銀行のHP)
　「決済インフラを巡る国際的な潮流とわが国への含意」(日銀レビュー、2012年5月)
　「次世代RTGS第2期対応実施後の決済動向」(日銀レビュー、2012年6月)
　「新日銀ネットの有効活用に向けた協議会」報告書(2014年3月)
　「主要国における資金決済サービス高度化に向けた取組み」(日銀レビュー、2014年11月)
　「中央銀行と通貨発行を巡る法制度についての研究会」報告書(金融研究、2004年8月)
　「取引法の観点からみた資金決済に関する諸問題」(金融研究、2010年1月)
野口悠紀雄「仮想通貨革命―ビットコインは始まりにすぎない」(ダイヤモンド社、2014年)
マーティン, フェリックス「21世紀の貨幣論」(遠藤真美訳、東洋経済新報社、2014年)
ブキャナン, マーク「複雑な世界、単純な法則」(阪本芳久訳、草思社、2005年)
吉本佳生・西田宗千佳「暗号が通貨になる「ビットコイン」のからくり―良貨になりうる3つの理由」(講談社、2014年)
Boards of Governors of Federal Reserve System 'Strategies for Improving the U. S. Payment System' (January 2015)
European Commission 'Single Euro Payments Area (SEPA)'
Faster PaymentsのHP (http://www.fasterpayments.org.uk/)
Iwamura,Mitsuru, Kitamura, Yukinobu&Matsumoto,Tsutomu 'Is Bitcoin the Only Cryptocurrency in the Town? Economics of

Cryptocurrency And Friedrich Hayek' (Institute of Economic Research, Hitotsubashi University Discussion Paper Series A NO.602, February, 2014)

Iwamura,Mitsuru, Kitamura,Yukinobu, Matsumoto,Tsutomu& Saito,Kenji 'Can We Stabilize the Price of a Cryptocurrency? : Understanding the Design of Bitcoin and Its Potential to Compete with Central Bank Money' (Institute of Economic Research, Hitotsubashi University Discussion Paper Series A NO.617, November, 2014)

Nakamoto,Satoshi 'Bitcoin : A Peer-to-Peer Electronic Cash System' (Satoshin@gmx.com,www.bitcoin.org)

■事項索引■

【A～Z】

CCP ··124
CLS銀行 ··151
DVP ··118、119、151
P2P ···166
SEPA ··································132、133、152

【あ　行】

暗号通貨 ·······························162、165、168～181
安全対策基準 ···45
インターネットバンキング ············40、43、46、130
インフラリスク ··························94、95、144
エクスポージャー ·············95、96、97、99、125
円の国際化 ···106
オペレーショナルリスク
　·············44、94、95、98～100、125、126、138、139

【か　行】

外国為替資金特別会計 ··································66、106
カウンターパーティリスク ·········94～99、118、125、139、145
価格発見機能 ··6
合衆国の決済システムの改善に向けた戦略 ············134
強制の費用 ···7、8、10
業務継続計画 ···27、42、84
銀行券自動鑑査機 ···23
銀行券製造費 ···24
銀行券ルール ··69、88
銀行取引約款 ··46、95

銀行の銀行··83
金本位制···36、177
金融EDI···140〜143、146、152
金融市場
　···11、14、15、17、20、21、68、69、71、91、92、110、113、160
金融調節···62、86、88、155、175
金流情報···140〜142
グローバルサプライチェーン···129、142
決済のファイナリティ··32、96、142
現送車··23
公開鍵暗号···163、166
公共料金引落し···29、44、79
公的資金··70
コースの定理··47
コンビニエンスストアの収納代行·······································144、145

【さ　行】

最小費用損害回避者のルール···46、47
財政ファイナンス··160
残余請求者··111
資金化···25、144
自己組織化···58、60、63
市場型取付け···119〜122、150
市場規律···114、115、119
システミックリスク···97、100、103
自然利子率···13、15〜17、90、113、158〜160、176
時点ネット決済···26、97、98
仕向け銀行···25、26、72、81、141、143
社会主義計算論争··31
需給ギャップ···89、90、179
証券化···111、119、120
情報処理能力本位制···176、178、179、181

事項索引　　189

情報生産活動	79
商流情報	140～142
自律分散処理	162～165、167、168、170～173
新日銀ネット	84、85、136、137、141、142、146、151、153
ステートメント	139
清算機関	122～125、150、153、154
政府信用本位制	178
政府の銀行	65、83
世界的金融危機	104、120、122、124、149、150、151、153
ゼロ暗証	40
全銀システム	26、27、45、141、142、146
総勘定元帳	28、139

【た 行】

ダラライゼーション	34、75
探索の費用	3、8
手形	19、20、64、79
電子記録債権	20
電子マネー	10、164～166、175
等価交換	3、6、9、15
取付け	73、103、121
取引費用	8、10

【な 行】

なりすまし	39～41、80、162、166
日銀ネット	26、27、45、83、84、118
入金通知	28、131、139、140、143、145
認証	41、43
ネッティング	80、95、106、123、157
ネットワークの外部経済効果	57、161、180

【は 行】

発券銀行 ……………………………………………83、156
ハッシュ関数 ………………………………………163、166
バッチ処理 …………………………………44、49、59
ハブ＆スポーク型 ……………5、6、60〜62、123、124、172、173
被仕向け銀行 ………………………25、26、28、72、101、141
費用逓減の法則 ………………………………57、58、180
ファスターペイメント・サービス …………133、134、143〜145
フィリップスカーブ ……………………………………………89
プーリング ………………………………………80、81、106、138
フロート益 …………………………………………………81
分業 ………………………………2、3、32、54、58、75、176、177
法定通貨 …………………………………………10、34、63
法的リスク ………………………………………94、95、98、126
法律上の金融商品 ……………………………………………114
本残主義 ……………………………………………138、139、144

【ま 行】

マイニング ……………………………166〜168、172、174〜177
マネーサプライ ………………………………………………88
マネタリーベース ……………………………………………88
ムーアの法則 …………………………………………………28
メッシュ型 ………………………………………………5、61、72

【や 行】

預金通帳 ………………………………………………28、139
予想物価上昇率 ………………………………………17、158

【ら 行】

リアルタイムグロス決済 ………………………26、97、98、139
リーズ・アンド・ラグズ ……………………………………75

リスクプレミアム ……………………………………………………………16
レポ取引 ……………………………………………………120、121、126

■ 著者略歴 ■

木下　信行（きのした　のぶゆき）

1977年　東京大学法学部卒業、大蔵省入省
1977年　大蔵省銀行局金融制度調査官室（調査課）
1986年　ジェトロ・フランクフルト事務所長
1994年　大蔵省銀行局金融市場室長
1997年　大蔵省銀行局調査課長
1998年　金融監督庁官房企画課長
1999年　金融監督庁銀行監督第2課長
2001年　金融庁監督局総務課長（兼不良債権問題調査室長）
2003年　金融庁総務企画局参事官
2004年　コロンビア大学日本経済経営センター客員研究員
2005年　九州財務局長
2006年　郵政民営化委員会事務局長
2008年　公認会計士・監査審査会事務局長
2009年　証券取引等監視委員会事務局長
2010年　日本銀行理事
2014年　アフラック・シニアアドバイザー、現在に至る

〈著書〉
『金融行政の現実と理論』（金融財政事情研究会、2011年）
『銀行の機能と法制度の研究―日米の金融制度の形成と将来』（東洋経済新報社、2005年）
『解説 改正銀行法―銀行経営の新しい枠組み』（編、日本経済新聞社、1999年）
『電子決済と銀行の進化』（共著、日本経済新聞社、1997年）
『日本の財政・金融問題―人口高齢化と公的部門の課題』（共著、東洋経済新報社、1986年）

KINZAIバリュー叢書
決済から金融を考える

平成27年4月30日　第1刷発行

著　者　木　下　信　行
発行者　小　田　　　徹
印刷所　三松堂印刷株式会社

〒160-8520　東京都新宿区南元町19
発　行　所　一般社団法人 金融財政事情研究会
　　　編集部　TEL 03(3355)2251　FAX 03(3357)7416
販　　売　株式会社きんざい
　　　販売受付　TEL 03(3358)2891　FAX 03(3358)0037
　　　URL http://www.kinzai.jp/

・本書の内容の一部あるいは全部を無断で複写・複製・転訳載すること、および磁気または光記録媒体、コンピュータネットワーク上等へ入力することは、法律で認められた場合を除き、著作者および出版社の権利の侵害となります。
・落丁・乱丁本はお取替えいたします。定価はカバーに表示してあります。

ISBN978-4-322-12674-7